一流になる人の20代はどこが違うのか

致知編集部・編

致知出版社

一流になる人の
20代は
どこが違うのか

目次

第一章　志を貫く

001 鳥羽博道／ドトールコーヒー名誉会長 10
002 堀　義人／グロービス経営大学院学長 16
003 河原成美／力の源カンパニー社長 22
004 中條高徳／アサヒビール名誉顧問 28
005 村上恭和／日本卓球女子ナショナルチーム前監督 34
006 牛尾治朗／ウシオ電機会長 40

第二章 仕事の流儀

第三章―試練を越える

013 宮本洋一／清水建設社長 84
014 佐久間曻二／WOWOW相談役 90
015 佐々木常夫／東レ経営研究所元社長 96
016 桜井章一／雀鬼会会長 102
017 生田正治／商船三井最高顧問 108
018 里岡美津奈／人財育成コンサルタント 114

第四章　成長の原理

026 大橋洋治／ANAホールディングス相談役　166
027 石渡美奈／ホッピービバレッジ社長　172
028 比屋根 毅／エーデルワイス会長　178
029 童門冬二／作家　184
030 清原當博／ホテルオークラ東京会長　190
031 津田 晃／野村證券元専務　196

装幀——水戸部 功
本文写真——小嶋三樹（二八頁）、坂本泰士（二二〇頁）、山下 武（一四〇頁）
本文デザイン——奈良有望
編集協力——柏木孝之

＊肩書きは原則として掲載当時のものです。

第一章

志を貫く

001

鳥羽博道

ドトールコーヒー名誉会長

国内外で1,000以上の店舗を展開するドトールコーヒー。創業者の鳥羽博道氏は、いかにして事業を起こし、新たなビジネスを構築してきたのか。「勝つか負けるか」ではなく、「勝つか死ぬか」というギリギリの局面を闘ってきた20代にその原点がある。

きょう一日、
朝から晩まで体の続く限り働く。
明日のことは考えない。
きょう一日に集中しよう

創業時、支えとなった二つの言葉

二十歳の時、ブラジルに渡ることを決断した。学歴がないというハンディキャップを克服し、内向的な性格を変えることができるのではないかとの思いからだった。飛行機はなく、移民船で四十二日間かけての旅。ブラジル修業を蟻《あり》地獄に譬《たと》え、何としてもそこから這《は》い上がろうと覚悟を決めて海を渡った。

三年間の滞在で実に多くの経験をさせていただいたが、一番学んだことは、「人を権力で使ってはいけない。惚《ほ》れさせて使う」ということだ。コーヒー農場の現場ではオーナーが高圧的に黒人を働かせる光景をよく目にした。それに対する反発もあって、私は現場監督時代、昼休みになると、自分の弁当を半分あげて、黒人が持ってくる粗末《そまつ》な弁当を半分食べていた。

昼食が終わると、今度は相撲《すもう》を取る。小学生の時から柔道を習っていたので、自分より大きな相手を簡単に負かしてしまう。そうすると、彼らはすぐに私を慕《した》ってくれるようになった。

まずは人間関係を築く。そこから仕事は始まる。これは私の原点に他ならない。

帰国後、コーヒー卸《おろし》会社で働いていたが、ある時、得意先を競合他社に取られた社員を往復ビンタで殴る社長の姿を見た瞬間、辞表を提出した。大変恩義はあるけれども、こういう状況のもとに会社は発展しない。厳しい中にも和気藹々《わきあいあい》とした理想の会社をつくろう。そう思ったのである。

ゆえに私が起業したのは、社長になりたいからでも、金儲《もう》けがしたいからでもない。ただ理想の会社をつくりたい。その一念だけだった。資本金の三十万円も人から借金をし、八畳一間の場所で二人の仲間とともにコーヒー豆の輸入・卸の会社を立ち上げた。「ドトール」という社名は、ブラジル時代に住んでいた地名から取った。

お金も後ろ盾《だて》もない。コーヒーの品質も高くない。あるのは夢と情熱だけ。まさに徒手《としゅ》空拳《くうけん》でスタートしたため、最初は全く買ってもらえなかった。明日潰《つぶ》れてもおかしくないという恐怖心を静めようと、夜は自宅近くの神宮外苑《がいえん》を散歩してからいつも帰宅していた。

そんなある時、ハッと気がついたことがある。潰れる、潰れると思うから心が萎縮《いしゅく》し、思い切った仕事ができない。明日潰れてもいいじゃないか。きょう一日、朝から晩まで体の続く限り働く。明日のことは考えない。きょう一日に集中しよう。

毎日毎日こういう心構えで仕事を続けていると、私の真剣な姿を見て、「あぁこいつ大変だな。何とかしてやろう」と手を差し伸べてくれる人が現れるようになった。

二つの言葉との出逢いもまた、私に大きな影響を与えてくれた。

創業当初、自分は死に物狂いで働いているのに、社員に必死さが感じられない。そのことに腹が立って仕方がなかった。ちょうどその時、ある人から

「長《ちょう》の一念」

「因果倶時《いんがぐじ》」

という言葉を教わった。

日頃社員に不満を募《つの》らせていたけれども、その原因は社員にあるのではなく、すべては長である自分自身にある。自分自身が変わらない限り社員は変わらない。また、よかれ悪《あ》しかれ、過去の因の積み重ねが今日の結果をつくっている。未来をよくしようと思えば、一分一秒も疎《おろそ》かには過ごせない。

そう気づいてからは、社員への不満や批判は一切消え、より一層仕事に全精力を傾注《けいちゅう》

するようになった。紹介が紹介を呼び、創業から二年ほどで事業を軌道に乗せることができた。

成功の心得

未来をよくしようと思えば、一分一秒も疎かには過ごせない。自分自身を変える努力をしたか。

とりば・ひろみち　昭和12年埼玉県生まれ。29年深谷商業高等学校中退。飲食店勤務、喫茶店店長を経験し、33年ブラジルへ単身渡航。コーヒー農園で3年間働いた後、帰国。37年ドトールコーヒー設立。平成17年会長。18年より名誉会長。

002

堀 義人

グロービス経営大学院学長

アジアナンバーワンのビジネススクールを目指し、グロービス経営大学院を設立した堀義人氏。高い志を掲げて前進を続ける氏に、模索と苦悩の末に自らの使命を見出した20代を振り返っていただいた。

人間の可能性を
閉ざしているのは、
他人でもなく、
外部環境でもなく、
自分の意識である

可能性を閉ざすのは自分の意識

私の二十代は、自分の生き方、自分の使命を懸命に探し求めた時代でした。

高校時代に一年間オーストラリアへ留学をした時から、世界を飛び回りたいという思いがありました。しかし、具体的に何をやるべきかは分かりませんでした。

大学は京都大学工学部に入りました。しかし、いざ入学してみると研究生活にどうしても馴染《なじ》めず、アルバイトに明け暮れるうちに、社会やビジネスの成り立ちというものへの関心が募り、当時関西の学生に最も人気の高かった住友商事に就職しました。世界の中で、経済やビジネスがどのようにして成り立っているのか、そんな自分の強い好奇心を満足させてくれる職場だと考えたのです。

私には入社前から、アメリカの大学に留学してＭＢＡ（経営学修士）を取得するという目標がありました。尊敬する父方の祖父がケンブリッジ大学に留学していたのを知り、自分の短期目標として思い定めていたのです。そして入社三年目に社内留学制度に応募し、四年目にハーバード・ビジネス・スクール（ＨＢＳ）に留学する機会を得ました。

ＨＢＳの授業は、実際の企業事例をもとに、各自が経営者の立場で戦略立案や意志決定をするケース・メソッドという学習方法で、八十分の授業が毎日二、三ケース実施されます。もちろんすべて英語です。冒頭に誰かがいきなり指名され、自分の分析結果やアクションプランを説明しなければならず、それをもとに全員でディスカッションを行います。授業中の発言で評価の半分は決まるので、全員必死で手を挙げます。入念な予習が必要な上に、夜は十時から仲間との勉強会にも参加するので、食事に三十分以上費《つい》やしたことがないほどの忙しさでした。

楽しみは一週間の授業を終えた金曜の夜、クラスメートを誘って飲みに行き、夢を語り合うことでした。そこでとても印象に残ったのが、ほとんどの学生たちが起業家を夢見ていたことです。

日本では、優秀な人間は官庁や大企業に行くといった通念《つうねん》がありますが、ＨＢＳに世界から集まってきた優秀な人材は、自分でゼロから会社を立ち上げ、大きくすることが一番格好いいと考えているのです。私はそれまで、会社を起こそうなどと考えたことは一度もありませんでした。しかし、そうした異質の価値観に刺激され、ベンチャーと名のつくコースを全部受け、多くの起業家の話を聞き、様々な事業アイデアを検討した末に、ハーバードを超えるアジアナンバーワンの大学院をつくりたいという目標に辿《たど》り着いたのです。

私がそうした高い志を抱いたのは、在学中に一つの言葉と出合ったからです。それは、ある黒人の方のスピーチに出てきた「可能性を信じる」という言葉でした。その言葉を聞いた瞬間、私は「これだ！」と思ったのです。自分に欠けていたのはこれだったのだと。人間の可能性を閉ざしているのは、他人でもなく、外部環境でもなく、自分の意識であるということ。自分自身ができない、自分はこんなもんだと思った瞬間に、自分の可能性は閉ざされてしまうことに気づかされたのです。

自分の頭上を覆《おお》う天井を突き破り、宇宙にまで達するくらい自分の可能性はあると強く認識する。他人が何と言おうと、外部環境がどうであろうと、それを貫くことで道は開けてくる。ゆえにこれからは、自分の頭でとことん考えた上でなければ、決して可能性を否定しないようにしよう。とことん考える習慣を身につけ、その中で可能性があり、やるべき価値があると思えるものに向かって、信じて突き進んでいこうと決意したのです。

アジアナンバーワンを目標に掲げたのは、仮に日本一になったとしても、世界ではほとんど認識されないと思ったからです。百年以上の歴史を誇るHBSを凌駕《りょうが》するには時間がかかっても、アジアの他の大学院にならば勝てる。今後は世界でアジアの地位が向上していくことは間違いないので、アジアナンバーワンは世界ナンバーワンへも通じる道だと考えたのです。

成功の心得

自分で可能性を否定していないか。
とことん考える習慣を身につけているか。

ほり・よしと　昭和37年茨城県生まれ。61年京都大学工学部卒業後、住友商事入社。平成3年ハーバード大学経営大学院修士課程修了。4年住友商事を退社し、グロービスを設立。8年グロービス・キャピタル、11年エイパックス・グロービス・パートナーズ（現・グロービス・キャピタル・パートナーズ）設立。18年グロービス経営大学院を設立、学長に。

003

河原成美

力の源カンパニー社長

人気ラーメン店「一風堂《いっぷうどう》」をはじめ、飲食業界に旋風《せんぷう》を巻き起こしてきた河原成美氏。近年は海外進出も果たした氏の原点ともいえる26歳の時の誓いについてお話しいただいた。

内なる自分から信頼される自分となれ

どん底からのスタート

私は二十六歳の時に福岡市内に五坪のレストラン・バー「アフター・ザ・レイン」をオープンさせたが、その時が自分の人生の本当のスタートだと思っている。それまではは っきり言って無茶苦茶だった。父は福岡県有数の進学校の高校教諭、三人の兄は後にそれぞれ国際線のパイロット、新聞記者、大学教授となり、子供の頃から学校の勉強もよくできた。

そんな環境にあって私はといえば成績も悪かったし、好きなことといえば漫画を描くことだけ。その漫画も親に反対されれば諦めてしまうような、中途半端な少年だった。

挫折続きで迎えた二十代。私にはいつも何かに押さえつけられているようなフラストレーションがあった。そんな心の隙間《すきま》に入り込んできたのは地元の友人たちだった。高校時代から誘われては悪いことをしてきたが、その頃になるとそれもエスカレートしてきた。

大学を出て、地場のスーパーに就職。真面目《まじめ》に仕事をする一方で、悪さも続けていた。でも地元の劇団に所属して芝居に熱中もしていた。とにかく心の中がグジャグジャで、自分自身が定まらず、抑制《よくせい》が利《き》かなくなっていた。しかし、そんな日々も二十五歳でピリオドが打たれた。

よく、一代で名を成した人たちは「初めはゼロからのスタートだった」と言う。もちろん私は名を成したとは思っていないが、私自身はゼロどころかマイナスからのスタートだった。

会社をクビになり、親にも半《なか》ば諦められ、自分が生きる道を模索《もさく》し始めた。それは芝居だと思ったが、芝居だけでは食べていけない。いくつかの仕事を転々とする中で、兄の友人がやっていた店を「代わりにやらないか」と声を掛けられた。大学時代にいくつもの飲食店のアルバイトを経験し、商売に対する好奇心もあった。

芝居か、商売か……。そこで私が選んだのは商売だった。人生で初めて自分で決断らしい決断を下《くだ》した瞬間だった。同時に選択しなかった芝居に対して恥ずかしくない結果を出そうと誓った。

といっても、商売のことは右も左も分からない。そこで私は自分に対する決め事を三つ作った。

一、三年間は休まない
一、売り上げゼロの日を作らない
一、三十五歳までには天職に就く

なぜ、こんな決め事を作ったのか。それは自分で自分のことが信じられなかったからだ。中国古典の『大学』に「小人間居《しょうじんかんきょ》して不善《ふぜん》を為《な》し、至《いた》らざるところなし」（つまらない人間は暇があるとよくないことを考え、何をしでかすか分からない）とあるように、自分で自分に手かせ足かせをして商売に集中させせなければ、また何をしてしまうか分からないという「自分に対する不安」があった。

「俺、覚悟決めて頑張ります」と言えば、他人のことは騙《だま》せるかもしれない。しかし、内側にいるもう一人の自分は、自分のことをよく知っている。

「いやいや、無理でしょ。これまで何一つとして成し遂げられなかったじゃん」

人生のスタートラインに立ったばかりの二十代の頃は、私は何よりも「内なる自分と信頼関係を築く」ことが大切だと思っている。

とかく人は他人からの援助や協力を求めたがる。しかし、一番大切なのは自分からの信

頼だ。 だから自分との約束を守り、掲げた目標を達成する。それをやり遂げるまでの姿を、内なる自分はもちろん、他人も必ず見ているものである。そこから「あいつは言ったことをやる奴だ」という、周囲の信頼も生まれ、自然と協力の輪が広まっていくのではないだろうか。

成功の心得

きょう一日自分との約束を守れたか。
掲げた目標を達成できたか。

かわはら・しげみ　昭和27年福岡県生まれ。大学卒業後、スーパー勤務などを経て、54年にレストラン・バー「アフター・ザ・レイン」を開店。60年「博多 一風堂」をオープン。平成9年TVチャンピオンの「全国ラーメン職人選手権」優勝後、3連覇達成。業界のカリスマとして活躍中。

河原成美

004

中條高徳

アサヒビール名誉顧問

物はない、食べる物もない、働き口もないという戦後の大混乱期に20代を迎えた中條高徳氏。誕生したばかりのアサヒビールに入社し、後に「アサヒスーパードライ」を世に送り出して危機にあった同社を復活へと導いた氏は、どのように若き日を送ったのか。

自分の胸を三度叩き、正しいと思ったことはやる

中小企業の創業者精神を持て

アサヒに入社をしたのは昭和二十七年のことだった。当時の私は、社長や上司よりも自分のほうが長く生きられるのだから、その分発言権が高いのだという考えを持っていた。生意気に思われるかもしれないが、そうやって**「会社の命運《めいうん》は我が双肩《そうけん》にあり」**と思っていると、必死に勉強をするようになる。若くとも、そういう経営者的な感覚があるかないか。これは能力の差ではなく、自分の意識の持ち方一つだろう。

いつも会社から使われていて、上の人から言われたことだけをしていれば満足。そういうサラリーマン的発想であれば進歩は望めない。一番大切なのは、中小企業の創業者が持っているような精神を持つということ。そのことで痛い目に遭ったり、辛い思いをすることはあっても、張り合いがまるで違ってくる。

大企業に入ると、自己を埋没《まいぼつ》させてしまいがちだが、そうなっては意味がない。福沢諭吉翁《おう》が言うように、「自主独立」の気概はいつの世も持ち合わせていなければならない。

私が入社して二年目のこと、当社の「三ツ矢サイダー」の販売店を招待する会合が開催された。その準備に駆《か》り出された私の目には、先輩社員の行動が奇妙に映ってならなかった。「こうしたら社長に怒られる」「こうすれば喜ばれるだろう」と、準備のすべての物差しが社長に絞《しぼ》られているのである。どうにも腑《ふ》に落ちない私は、会合後の反省会でその気持ちをストレートにぶつけた。

「社長を物差しに準備をしたのでは、販売店に対するホスピタリティーが完璧にならないのではないですか」

すると社長は「そうだ、君の言うとおりだ。君はいいことを発言した」と言われ、反省会はそれで閉会となった。その発言が先輩方にどれほど迷惑を掛けたかも理解せず、私は有頂天《うちょうてん》になっていたが、この発言をきっかけに、社長が私に目を掛けてくれるようになったのもまた確かだった。

これも入社から数年目のことである。日曜日に会議が行われた時、会社に社長が着流《きなが》しで来られたことがあった。社長とはいえ、オフィシャルな会議に着流しで出てくるとは何事か。私には企業を私物化しているように思えてならなかった。

よし、この会議の席上《せきじょう》で許される唯一の抵抗は、沈黙だ——。端《はし》から順に一人ひとり発表があり、やがて私の番がきた。

「次、中條」

「何もありません」

「何もないって、君、一言も言ってないじゃないか」

「はい、何もありません」

私が発したのはその二言のみ。この時に、社長が「君、君」と咎めるようなことがあれば、私はこう言おうと覚悟していた。「恐れながら社長。きょうはオフィシャルな会議ではありませんか。袴《はかま》くらいは着《つ》けてきて然《しか》るべきではありませんか」。しかし、結局その日は一切お咎めもなかった。

ただ、会の進行を務めた支店長には悪いことをしたと思い、すぐ詫《わ》びに行った。支店長は腹の立つこと夥《おびただ》しいとカンカンである。私が「社長は企業を私物化しているように見えたんですが、支店長は不思議に思われなかったんですか」と正直に述べると、支店長も急に態度を和《やわ》らげ、「君の気持ちは分かった。きょうは飲みに行こう」ということになった。

当の社長からも、この一件で生意気だとレッテルを張られることもなく、逆にますますかわいがっていただけることとなった。

自分の胸を三度叩《たた》いて、正しいと思ったことはやる。何も、奇を衒《てら》ったり、パフォーマンスを打ったりする必要はない。**組織の力に負けて、口を噤《つぐ》んでいても事態は改善しない。**これは企業だけでなく、国家間においても同じことが言えるだろう。

成功の心得

上司から言われた仕事だけをして満足していないか。

なかじょう・たかのり　昭和2年長野県生まれ。陸軍士官学校（第60期）に学ぶ。終戦後、旧制松本高校から学習院大学へ。27年アサヒビール入社。平成2年アサヒビール飲料代表取締役会長を経て、10年よりアサヒビール名誉顧問。26年逝去。

005

村上恭和

日本卓球女子ナショナルチーム前監督

2012年、ロンドン五輪卓球女子団体で銀メダル、2016年のリオ五輪では銅メダルと日本女子卓球を二大会連続のメダル獲得へと導いた村上恭和氏。実業団でプレイングマネジャーとして活躍した20代の歩み、トップ選手を育てる中で摑んだ成功の条件とは――。

周囲に対して感謝できない人間は成功し続けることはできない

自ら退路を断つ

大学卒業後、日本卓球リーグの二部に所属していた和歌山相互銀行からお誘いをいただき就職しました。私は卓球を続ける気はあまりなかったのですが、遊び友達だった大学の先輩が勤務していたため、入社することに決めました。

そんないい加減な私を鍛えてくださったのは、和歌山相互銀行の専務兼卓球部の顧問で、和歌山県卓球協会の会長も務めていた西峰利清さんでした。事あるごとに人としてのあり方、人生の考え方などを教えていただきましたが、それは二十代の私にとって最高の教育であり、西峰さんには感謝しても感謝しきれません。

入社二年目の時に一部リーグ昇格を果たし、二十六歳の時には選手権コーチ兼監督と、一人三役を務めることになりました。重責《じゅうせき》ではありましたが、私は困難なことに直面する度に、「よし、来たか」「さあ、どうする」と思い、困難を困難と捉えず楽しみながら乗り越えていくように、心を整えていました。その結果、三年後にはチームを一部リーグ二位まで導くことができたのです。

転機が訪れたのはその全日本選手権が終わった直後のこと。「そろそろ監督を後輩に譲って、支店で勉強してみないか」と打診《だしん》されました。そんな矢先、急性肝炎《かんえん》を患い、三か月の長期入院を余儀《よぎ》なくされたのです。ベッドに独り横たわり、今後の人生設計についてじっくり考える時間を持てたことは、ある意味幸運でした。

その時、私は二十九歳。前年に結婚して家を購入し、一歳になる子供と二人目がもうじき生まれようとしている。ローンや子供の教育費もあるし、銀行に専念しようかとの考えも頭をよぎりましたが、自分には卓球しかない、残りの人生を卓球に懸けたほうが楽しいと思い至り、退院した直後に銀行を辞める意思を伝えました。

銀行を辞めた後に、卓球教室のできる場所を探し回り、三か月後にようやく大阪の卓球場を借りて、毎週月水金の夕方にママさんを対象に始めました。三万枚のチラシをポスティングし、すぐに十人ほどの生徒さんが集まりました。

私は何か新しいことに挑戦する時、用意周到に準備を整えてから決断するということはしません。自ら退路を断《た》つのです。退路があるとどうしても本気になれないですし、周囲も本気にせず、協力を得ることができないからです。

最初は生活していくのもやっとでしたが、口コミで生徒さんが増え、マン・ツー・マンレッスンの要望も出るようになりました。その中に、日本生命女子卓球部の選手がいて、監督就任の依頼が舞い込んできたのです。三十二歳で日本生命女子卓球部の監督となり、六年後にチームを日本一に導き、同じ年に日本卓球女子ナショナルチームのコーチに就任。二〇〇八年の北京五輪後にナショナルチームの監督となりました。目の前に見えているものに一所懸命取り組んでいったら、次の展開が拓《ひら》けていった。その繰り返しで今日があると感じています。

これまで私は福原愛や石川佳純《かすみ》をはじめ、数多くのトップ選手を見てきました。選手は皆、オリンピックでメダルを獲《と》りたいと言います。だが、その中で達成できるのは四年に一度、たった三人しかいません。メダルを獲る人と獲れない人の差はどこにあるか——。

最初の分かれ目は、本気で思っているか、口先だけかです。次に、**本気で思っている人は行動します。口先だけの人は行動しません。**そして最後は、途中で諦めないこと。誰でも目標達成に向かって努力していれば、どこかで「ああ、もう無理かな」と思う時がありま す。しかし、そこで**諦めずにやり続けた人のみがメダルを手にできる。**さらに、支えてくれる人間が多ければ多いほど、達成する可能性は高まります。実力が拮抗《きっこう》している中で、最後に勝敗を決するのは目に見えない思い、周囲の応援がどれだけ多いかなのです。

何の世界でも実力と運さえあれば一旦《いったん》は成功を手にすることができるでしょう。しかし、より長くより高く成功するためには、自分を支えてくれる仲間、味方がどれだけ多くいるかに尽きると思います。ですから周囲に対して感謝できない人間は成功し続けることはできません。このことはあらゆる職業の人に共通する成功の条件ではないでしょうか。

成功の心得

周囲に対して感謝できない人間は成功し続けることはできない。
感謝の心を忘れてはいないか。

むらかみ・やすかず　1957年広島県生まれ。小学校6年生の時に卓球と出合う。1980年近畿大学卒業後、和歌山相互銀行入社。1990年日本生命女子卓球部監督に就任し、6年後チームを日本一へと導く。1996年日本卓球女子ナショナルチームコーチ、2008年同監督に就任。2012年のロンドン五輪で日本卓球界史上初となる女子団体銀メダル、2016年のリオ五輪でも同種目銅メダルへと導く。

006

ウシオ電機会長 牛尾治朗

経済同友会代表幹事や日本生産性本部会長などの要職を歴任し、日本経済の最前線で活躍を続けるウシオ電機会長・牛尾治朗氏。27歳で会社を受け継いで以来、半世紀以上にわたって経営の第一線に立つトップリーダーはどういう20代を過ごしたのか。

to do goodを考える前に、
to be goodを目指しなさい

生涯の指針となった安岡正篤先生からの言葉

私は昭和六年、銀行や電力会社を経営する牛尾家の次男として生まれた。

私の父は、祖父が創業した会社を若くして継ぎ、神戸で財界活動を積極的に行っていた。

その父の急死により二十七歳で会社を受け継ぎ、以来、経営者として社業発展に勤《いそ》しんでいる。

大変有り難いことに、私の家は祖父の代より安岡正篤《まさひろ》先生と親交があり、父は師友《しゆう》会の神戸の責任者をしていた。そのため安岡先生が関西にいらっしゃる時は私の家が定宿《じょうやど》になっていて、幼い頃からお会いする機会に恵まれた。

大学四年になり、私は海外で仕事をして見聞《けんぶん》を広めたいという思いから、就職先には海外支店の多かった東京銀行（現・三菱東京ＵＦＪ銀行）を選んだ。しかしある時、「最終的に就職を決める前に安岡先生のお話をうかがうように」と父に言われ、私は安岡先生をお訪ねしたことがある。私が今後の抱負をひとしきり述べると、安岡先生は私を見つめながら次のようにおっしゃった。

「to do good を考える前に、to be good を目指しなさい」

この一言は衝撃だった。それまで私は、あれをしたい、これをしたいと、「to do good」ばかりを考えていた。そうではなく、「to be good」。つまり、よりよくあろうと自分を修《おさ》める。その軸がしっかりしていなければ何もできないし、何者にもなり得ないのだと痛感させられた。

それ以来、私は事あるごとに、「to do good の前に、to be good」と反芻《はんすう》し、自身を戒《いまし》めてきた。今日なんとか格好のつく生き方ができているのは、人間としてのあり方の根本を安岡先生にご教授いただいた賜物《たまもの》であろう。

父が病で倒れたと聞いた時、ふと胸に去来《きょらい》した出来事がある。

大学の卒業式の日、友人と当時流行《はや》っていたチャップリンの映画『ライムライト』を観に行った時のこと。人生に失望し、生きる気力を失っていた若いバレリーナを老いた役者であるチャップリンが励ますシーンに、次のような台詞があった。

「元気を出せ。人生で必要なものはイマジネーション（想像力）とカレッジ（勇気）とサムマネー（若干のお金）だ」

私はその言葉に大変感激して、家路《いえじ》についた。すると、父から一通の手紙が届いていた。

「きょうおまえの卒業式に行けないことを残念に思う。しかし、私から君に言うことはもう何もない。これからは君の思うとおりにやってくれれば、それがきっと世の中の光になることを信じている。心からそう思える父親であることを、限りなく幸せに思う」

この言葉を受け、私は父のためにも頑張らなければと思った。

父が亡くなり会社をどうするかという決断を迫られた時、二十七歳だった私は文化的な分野で仕事をしていきたいという想いがあり、初めはそれを理由に引き継ぐことを拒否し続けた。渋々《しぶしぶ》父の会社に入ってからも数年で辞めて自由な生活を送ろうと考えていたのだ。

しかし、三十歳を目前《もくぜん》にした頃、自分自身の中に「会社の繁栄と従業員一人ひとりの幸せが一致するような経営がしたい」という思いが湧《わ》き起こった。そして三十三歳の時、不採算だった電機部門を独立させ、経営者として生きることを選択した。それは、父の期待に応《こた》えることこそ、私の生きる道だと確信したからである。

「自分は誰も必要としないけれども、相手が必要とする時は、その必要のために生きるのも一つの実存《じつぞん》である」と、サルトルは言う。

人間誰しも生きていれば思いどおりにならないこともあるだろう。しかし、その時に自分の希望ばかりに固執《こしつ》するのではなく、相手の必要と期待に応える。それを自らの果たすべき使命と捉えることも、自分の一つの実存と言えるだろう。

私の二十代は、父が亡くなるまでは右往左往《うおうさおう》することもあったが、自分の考えにきちんと納得して生きていくという姿勢だけは崩さなかったと思っている。そういう生き方を貫き、自分の純粋性を失わずにいれば、必ず道は拓けてくるものだと確信している。

成功の心得

相手の必要と期待に応えようと努力をしているか。
自分の考えに納得して生きているか。

うしお・じろう　昭和6年兵庫県生まれ。28年東京大学法学部卒業、東京銀行入行。31年カリフォルニア大学政治学大学院留学。39年ウシオ電機設立、社長に就任。54年会長。平成7年経済同友会代表幹事。12年ＤＤＩ（現・ＫＤＤＩ）会長。13年内閣府経済財政諮問会議議員。

007

銀座マツナガ社長

松永巳喜男

平成30年に創業50周年を迎える高級理容店・銀座マツナガ。創業者の松永巳喜男氏は中学卒業後、理容師の修業に入り、27歳で独立を果たした。この道一筋、半世紀以上の松永氏が語る人生論と20代へのメッセージ。

他人の人生は
どうすることもできないが、
自分の人生であれば
努力と心掛け次第で
思い描いたとおりになる

常に全力を尽くすことで道が開けた

二十代の十年間を回顧《かいこ》すると、「充実」の二文字が真っ先に頭に浮かぶ。戦中・戦後の激動の時代に生まれ育ったため、当然貧しくて辛い思いもたくさんしてきたが、当時の私には何より夢があった。

「理容師の道で一番になろう」

「東京に店を出して成功したい」

という夢である。その夢に突き動かされて、遊びにうつつを抜かすことなく、一所懸命ひたむきに走り続けてきた。

東京・銀座に理容店を開業したのは昭和四十三年、二十七歳の時だった。それから四十九年の歴史を紡ぎ、現在では国内外にある姉妹店を含めて二十二店舗、約百名の従業員を擁《よう》し、一部上場企業の経営者や政治家の方々にも贔屓《ひいき》にしていただく店へと成長を遂げたのである。

私は新潟県南蒲原《みなみかんばら》郡栄村（現・三条市）で理容店を営む両親のもと、四人きょうだいの長男として生まれた。物心ついた時から店内で遊び、両親の働く姿を見て育ったことに加え、当時は長男が後を継ぐものという空気が色濃く、自然な成り行きで理容師の道に進んだのである。理容店は村に一つしかなく、休日ともなれば二十〜三十人ほどのお客様が店に溢《あふ》れ、両親はたった二人でそれを捌《さば》いていた。非常に仕事熱心で、理容師という職業に静かな誇りを抱いているのが伝わってきた。

私は手先が器用だったこともあって、中学生になると、顔を剃《そ》ったり髪を切ったり、両親の手伝いに勤しむようになった。そして、いつしか理容師の仕事は天職だと思い至った。

中学卒業後、新潟で四年、大阪で三年、二人の師匠の元、もうこれ以上勉強することはないくらい修業を積んだ。二十三歳で上京したのは大阪より東京のほうがさらにチャンスが広がるのではないかと考えたからである。どの店に就職するかもよく思案《しあん》した。実力を存分に発揮できるところへ行きたいと思い、あえて有名店を避けて新規開業の店を選んだ。

就職して僅《わず》か二〜三か月で私に目をかけてくださるお客様が現れた。そのお客様は店の主人のお客様で、私はアシスタントとして、カットした後のシャンプーやシェービングを担当していただけにすぎない。にもかかわらず、私に目をかけてくださったのはきっと私の誠意が伝わったからだろう。その人間がどんな気持ちでシャンプーやシェービングをしているかは、十本の指先をとおして必ずお客様に伝わる。要するに、髪の毛の洗い方や顔の剃り方一つに、その人間の心の状態や人間性がすべて現れるのだ。

「きみ、将来自分の店を持ちたいんだろう」

「はい。そのとおりです」

「じゃあこれから毎月、私の言う銀行に貯金しなさい」

この言葉に、私は腹を決めた。当時婚約中だった妻の賛同を得て、自分の給料を開業資金として全額貯金し、妻の給料で生活費をやりくりした。四畳半一間のアパートに引っ越し、基本的に外食せず、妻が仕事と両立して食事をつくってくれた。洋服や靴、装飾品なども一切買わない。そういう日々を四年半過ごした。その間、結婚して子供も生まれたが、独立する前月まで全額貯金し続けた。

かくして二十七歳の時、銀座中央通りに面した十二坪の場所に、一号店をオープン。おかげさまで、修業時代のお客様が遠方から足繁《あししげ》く通ってくださり、そのお客様が周りに紹介してくださるという連鎖で店はすぐに繁盛《はんじょう》した。常に全力を尽くしてきた結果だと思う。

他人の人生はどうすることもできないけれど、自分の人生であれば努力と心掛け次第で自分の思い描いたとおりになる。だからこそ、未来ある二十代の皆さんには大きな夢を持ち、その夢に向かって諦めずに努力の歩みを続けていただきたい。

その時、忘れてはならないのは、人頼みの姿勢で生きるのではなく、精神的にも技術的にも自分の力で生きていく気構えを持つことだ。それが原点にない者によき出逢いやチャンス、天の助けは巡《めぐ》ってこないのである。

成功の心得

大きな夢を持ち、諦めずに
常に全力を尽くしているか。

まつなが・みきお　昭和16年新潟県生まれ。31年中学校卒業後、理容師の専門学校に進学。新潟、大阪、東京の理容店での修業を経て、43年東京・銀座に銀座マツナガを開業。

008

料理評論家

山本益博

日本に“料理評論家”という職業を確立した山本益博氏。料理のみならず、落語やオペラ、野球など、各界の一流の職人の核心に迫っていく独自の評論を展開し、人気を博している。そんな山本氏の原点となった20代の歩みについて振り返っていただいた。

一万時間の法則

きょうの自分は昨日の自分と違う

大学の卒業論文として書いた「桂文楽の世界」《かつらぶんらく》がそのまま『さよなら名人芸 桂文楽の世界』として出版されたのは昭和四十九年、二十六歳の時。以来、様々なジャンルの一流の職人に接し、執筆を行ってきたが、私の評論生活の原点にあるのは「人と同じことをしたくない」ということである。このような価値観が醸成《じょうせい》されたのは十代の頃だったが、それには当時の時代背景が大きく影響しているように思う。私が生まれたのは昭和二十三年、いわゆる団塊《だんかい》の世代に当たる。私の通っていた中学校は一学年に十四クラス、七百名以上もいた。そういう塊の中にあって、没《ぼっ》個性に陥ってしまうのは耐えられないことだった。

そんな私に転機が訪れたのは中学一年の一学期。中間試験の結果を見て人と同じように勉強して勤め人《びと》になる道を捨てた。そして自分の得意分野を生かし、且《か》つ、一人でできることは何かと考えた。当時夢中になっていた音楽の世界には音楽評論家という職業があることを知り、漠然とではあるが、評論家の道を志《こころざ》すようになったのである。十代のうちに目指すべきものを見つけられたことは、私の人生にとって凄くプラスだったと思う。そういう助走期間がないと、二十代はあっという間にとおり過ぎてしまうのではないだろうか。

私が大学に入った頃はちょうど大学紛争の真っ只中で、落語を聴きに授業を抜け出そうとすると、学生運動をやっている連中から「てめえ、こんな時代に落語なんか聴いているザマじゃねえ」と、よく吊し上げを食らった。しかし私は学生運動などに目もくれず、毎日のように寄席《よせ》に足を運び、桂文楽だけでなく、三遊亭圓生《さんゆうていえんしょう》や柳家小《やなぎやこ》さんといった名人たちを追いかける落語漬《づ》けの日々を送った。

大学一年の時につくった名刺はいまでは大切に保管している。そこには「芸能史研究所山本益博」と書いた。研究所といっても六畳一間の自分の部屋で、一人黙々と研究をしているだけ。誰に渡すわけでもなく、この道で生きていくという自分に対しての決意表明をするためのものだ。

そうやってひとたび目標を決めたら、何らかの形にして宣言することも、決意を固める一つの手段であると思う。

いま二十代を振り返って思うことは、「誰からも認められなくてもいいから、これをやりたい」という目標を見つけることがそもそもの人生のスタートラインだということである。そういう気持ちを持っていると、必ず引っ張り上げてくれる年長者が現れるというのが実感である。私自身、十代、二十代、三十代と年を重ねるたびに、自分にとって先生だと思える人が次々に現れ、私を後押ししてくれた。運がいいと言ってしまえばそれまでかもしれない。だが、こちらに「これをやりたい」というパッションがなければ、そこから縁も何も発展することはない。

朝起きた時、「きょうも会社に行かなきゃ」と、きょうという日を昨日の続きのように思っている人はいないだろうか。きょうはこれをやるぞと、やるべきことが具体的にあれば、決してそうは思わないだろう。「きょうの自分は昨日の自分と違う」、そういう気概を一番持てるのが二十代の時期である。

評論家には独自の観察眼が不可欠だが、それを磨いていくには場数《ばかず》しかないと思っている。マルコム・グラッドウェルの『天才』という本の中に「一万時間の法則」という話が出ている。スティーブ・ジョブズやビル・ゲイツ、ビートルズといった成功者たちは皆、若い頃に寝る間も惜しんで一つのことに打ち込み、その総数が一万時間を超えた人だという。

一日八時間を三百六十五日続ければ、二千九百二十時間。約三年半で一万時間に到達す

る。このような圧倒的な努力の先に成功はあるのだろう。二十代は、目標に向かっていくパッションと体力が最も旺盛な時期である。だからこそ、まずやりたいことを見つけ、わき目もふらず、一つのことに徹する。それはすぐには結果として出てこない。何十年後かにようやく返ってくるものだと思う。

成功の心得

「きょうの自分は昨日の自分と違う」

その自覚を持っているか。

やまもと・ますひろ　昭和23年東京都生まれ。47年早稲田大学卒業。卒論として書いた「桂文楽の世界」が『さよなら名人芸　桂文楽の世界』として出版される。57年に『東京・味のグランプリ２００』を出版して以来、日本で初めての「料理評論家」として活躍中。

第二章

仕事の流儀

009

道場六三郎

銀座ろくさん亭主人

伝説の料理番組『料理の鉄人』で初代・和の鉄人として圧倒的な強さを誇った道場六三郎氏。そんな氏は若き日にどのような心構えで修業を積み、腕を磨いていったのか。その歩みを伺った。

人の二倍働く。
人が三年かかって覚える仕事を
一年で身につける

仕事にも人生にも締め切りがある

料理の道一筋に歩み続けて六十六年。

いまつくづく思うのは、

「何歳になっても、人間を磨いていくことが重要である」

ということです。

どんな職業にも上には上がいるもので、自分だけの小さな世界に留《とど》まっていては、成長しません。常に謙虚さを持ち、上を目指していく。八十五歳を迎えてなお、そういう気持ちで調理場に立っています。これは若い時からの習慣が身についているのでしょう。

私は二十代の頃、いろいろな店で修業を積んできましたが、「いま一番早くて綺麗に包丁を捌けるのは誰ですか」と調理師会の親方さんに聞いては、その料理人のいる店まで足を運び、「ああ、こういうふうにやるのか」と細かく観察し、ノートにメモして研究を重ねていました。

自ら盗むようにして学んで吸収しているのか、あるいは人から言われて嫌々やっているのか。どちらが伸びていくかは、言うまでもありません。二十代の方にはぜひこの心構えを身につけていただきたいと思います。

修業時代いつも心に留めていたことがあります。

「人の二倍働く。人が三年かかって覚える仕事を一年で身につける」

当時私は『プルターク英雄伝』が好きで、そういう本をよく読んでいたからでしょう。とにかく早く人の上に立ちたい、下積みの期間をできる限り短くして一人前の仕事がしたい、という思いを強く抱いていました。

そのためには、まず店の料理人の中で一番にならなければなりません。どうやったら早く、綺麗に手を動かせるか、生産性を高めていけるか、絶えず工夫を凝らしたものです。

例えば、ネギやキュウリを切る時、人が三本置いて切っていたら、私はその上にもう一本重ねて四本で切ってみる。それができるようになったら、五本で挑戦してみる。当然、最初はなかなかうまく切れませんが、脇の締め具合や手首のスナップなど、試行錯誤《しこうさくご》を重ねていくことで、自分だけの得意技を編《あ》み出していきました。

また、布巾《ふきん》はいつも綺麗にしておき、鍋が吹きこぼれたり油が跳《は》ねたりしたらすぐに拭く。ゴミが落ちていたらすぐに拾って捨てる。考えてから動くのではなく、見た瞬間、間《かん》髪《はつ》を容《い》れずにパッと体が反応するよう訓練しました。時間が経つと汚れがこびりついて落ちにくくなりますし、スピード感がなく、ダラダラと働いても仕事は上達しません。面倒なことを先延ばしにしない。一気呵成《いっきかせい》にやる。これは仕事の鉄則です。

冷蔵庫の使い方一つにしても工夫次第で差が出ます。魚でも野菜でも「はい、あれ取って」と言われた時に、冷蔵庫をパッと開けてすぐに物を取り出して渡す。それができずに、「えっと、どこだっけ」とグズグズしていると、「バカ野郎」となってしまう。

そこで、冷蔵庫の中を六つに仕切って整理整頓し、どこに何が入っているかメモを取り、扉に張りつけておく。加えて、量が少なくなったら小さな容器に移し替え、冷蔵庫を広く使えるようにいつも心掛けていました。

当たり前のようですが、仕事にも人生にも締め切りがあります。ですから、常に先を見通して時間を無駄にせず、一つひとつの仕事をテキパキと仕上げていくことが大事だと思います。**些細《ささい》なことを疎《おろそ》かにする人は伸びていかない。**これはどんな仕事にも当てはまるのではないでしょうか。

成功の心得

仕事にも人生にも締め切りがある。
時間を無駄にせず、先を見通して行動しているか。

みちば・ろくさぶろう　昭和6年石川県生まれ。25年銀座「くろかべ」で料理人としての第一歩を踏み出す。その後、神戸「六甲花壇」、金沢「白雲楼」と修業を重ね、34年「赤坂常盤家」でチーフとなる。46年銀座「ろくさん亭」を開店。平成12年銀座に「懐食みちば」を開店。

010

北尾吉孝

SBIホールディングス社長

若いビジネスマンたちの厚い支持を得るＳＢＩホールディングス社長・北尾吉孝氏。後に「伝説の証券マン」と謳《うた》われた野村證券時代のことを振り返っていただいた。

いま自分のしている仕事が
会社にとって
どういう意味があるかを
絶えず明確にせよ

常に三つの側面から物事を考える

二十代をどう生きればよいか。当時の私は別段、そうしたことを考えて過ごしていたわけではない。ただ「三十にして立つ」という言葉もあるように、三十歳まではある程度自分の志を固めなくてはいけないと考えていた。そういう点で、二十代とは、志を立てる前の段階であり、特に十五歳を過ぎてから三十歳に達するまでの十五年間はあらゆる意味での勉強期間ということになるだろう。

大学時代までは年齢的にほぼ大差がない仲間たちと接しているが、会社に入れば、年齢差も地位の差もある人たちとも多く関わっていくことになる。そういう社会の中で自分の分《ぶ》を弁《わきま》えながら、どのような立ち居振る舞いをしていけばよいのか。

会社に入って仕事を与えられた時、常に心掛けなければならないのは、いま自分のしている仕事が会社にとってどういう意味があるのかを、絶えず明確にすべきということだろう。ただ漫然《まんぜん》と働くのではなく、その仕事の意味をきちんと摑んだ上で、さらに改善、改良を加える努力をしていく。そうやってその仕事の「意義」を見出し、そこに自分の「意思」を働かせる。要は、**与えられた仕事に主体性を持って取り組め**ということである。

また、集中力を欠きダラダラと仕事をしてしまう人がいるが、そういう人は概して成長が遅い。**やれと言われたことは一気呵成にやる。**そうやって次々と課題に取り組み、淀《よど》みなく流れる川の如《ごと》く、仕事がどんどん流れていくような状態へと持っていく。

また一方、仕事は自分から創り出さなければならないものでもある。他の人の仕事を見ながら、こういうこともしてみてはどうか、こうすればよりよい結果が生まれるのではないか、と考えたことを積極的に提案し、実行してみる。そうやってひたむきに物事に取り組んでいけば、知らず知らずのうちに仕事がおもしろいと感じられるようになってくるはずである。いずれにせよ、中途半端な気持ちで臨んでいたのでは何の得るところもないだろう。

野村證券の入社試験の最終面接で、当時の伊藤副社長から「君たちはうちに入って何がしたいんだ？」と聞かれた時、一緒に面接を受けた学生たちは「○○部で働きたいです」「営業をやりたいです」と希望の部署を伝えていた。

そんな中、私は「先輩諸氏《しょし》からいろいろなお話をうかがいましたが、実際に働いてみる

までは どこで何をやりたいという希望はありません。ただ、どの部署で働いても、世界経済の中の日本経済、日本経済の中の金融機関、金融機関の中の野村證券というように、常に三つの側面で考えていたい。そして、与えられた場所で粉骨砕身《ふんこつさいしん》頑張ります」と返事をした。

いま考えると非常に大人びた答えをしたと思うが、そういうことができたのもやはり学生時代に多くの古典を読んできたからだろう。

私の二十代の頃は仕事で徹夜をするなど日常茶飯事《さはんじ》で、プライベートで友人に会ったり、女性とデートをしたりする暇もなかった。入社後、総合企画室に一年近くいた後、ケンブリッジ大学に留学し、卒業して帰国すると今度は海外投資顧問室に配属。その後ニューヨークに勤務するなど、土日祭日もなく、とにかく働き詰めに働いた時期だったと言える。

若い時期に目立った活躍をすると、周りからおだてられ慢心に陥《おちい》ってしまう人が多いが、私はそういうものとは無縁だったと言ってよい。

とにかく自分から次々と仕事を創り出していったため、やることは山ほどある。そしてある時期から、野村證券を世界に冠《かん》たるインベストバンクにするのだと考え、海外企業に勝ち抜くためにはどうするかといったことばかりを考えていた。要するに傲慢《ごうまん》や驕慢《きょうまん》に陥る人間は、自分の見ている世界が小さいだけで、大きな志を持てば、そんな状態になる暇がないのである。

成功の心得

その仕事の意義を見出し、
そこに自分の意思を働かせているか。

きたお・よしたか　昭和26年兵庫県生まれ。49年慶應義塾大学経済学部卒業後、野村證券入社。53年英国ケンブリッジ大学卒業。平成4年野村證券事業法人三部長。7年ソフトバンク入社、常務取締役。11年ＳＢＩホールディングス代表取締役執行役員社長。

北尾吉孝

011

酒巻 久

キヤノン電子社長

キヤノン電子社長に就任後、短期間で同社を高収益企業へと躍進《やくしん》させた酒巻久氏。キヤノン勤務時代に仕えた二人の上司やドラッカーの著書から学んだことなどをお話しいただいた。

自分自身に対する評価は
「一月三舟」で見る。
上下左右から
物事を見る癖をつけ、
自分を客観視できれば、
仕事の幅も広がっていく

自らの強みを知ることが第一

いまでこそ電気機器メーカーとして海外にも知られるキヤノンだが、私が入社した当時はカメラ事業のみで、学生たちもあまり行きたがらないような企業だった。そんな中、私を会社に導いてくださったのが、ズームレンズの設計理論で知られ、後に社長となられた山路敬三《やまじけいぞう》さんである。面接後、料理店に誘われ「今度新しい事業を始めるから、ぜひ君に来てもらいたい」と声を掛けていただいた。

この山路さんとともに会社人生で大きな影響を受けたのが、キヤノンの「技術の父」と言われた鈴川溥《ひろし》さんである。当時は取締役開発本部長で、山路さんの上司でもあった。

我われの時代は、入社した時の上司で将来が決まってしまうとも言われた。その点、技術や設計の話などは一切せず、人間としてどう考えるべきか、どういう心構えでものを見るべきかといったことを、繰り返し指導くださったお二人に出会えたことは何よりの幸運だった。

二十代の頃、この二人の恩人とともに、座右の書にも巡り合うことができた。入社した初任給で購入したドラッカーの『経営の適格者』である。

彼は「企業のコアとなる技術をよく調べ、それをより強くすることを考えよ」といった趣旨のことを述べている。企業と同様に人間も、自らの強みを知ることが第一だと考えた私は、自分の何に磨きを掛けるべきかを考えた。

技術ではどんなに頑張っても、東大卒のエリートたちに勝てようはずがない。しかし自分には学生時代のスポーツで鍛えた体力と、あらゆることに興味を持つ好奇心がある。この二つを継続して鍛えていけば、広範囲の分野に精通し、会社でも希少な存在になれるかもしれないと考えたのである。

一方、上司や同僚と接する上で心掛けたのは「中庸《ちゅうよう》」の精神だった。

幼い時分、母はこの言葉を「高望みをせず、ほどほどで生きていきなさい」と解釈し、「自分が何かをやったとしても手柄は人様に譲りなさい」と話していた。私はこの教えに従って、技術的なことで激しい議論はしても、最後の手柄の部分は無理に自分のものにしないよう心掛けていた。

そういう欲がなければ周囲からの協力も得やすいし、敵をつくらずに済む。社内に敵をつくってしまっては、どんな事業も成功し難《がた》い。譲ってばかりでは評価されないことを懸念する人もいるだろうが、必ず何人かは自分のことを見てくれているものである。

その他、若い人たちに勧めたいのは、できるだけ広い分野の本をたくさん読むこと。入門書などで概要を摑み、自分が何に興味を持っているかを知ってから精読《せいどく》に移っていくという読書法である。

もう一つは、**自分にとって優れた人だと思う人を見つけてできるだけその人に近づき、真似をすること。**

よく勘違いをしてその人の「態度」を真似てしまう人がいるが、真似るべきはその人の「考え方」である。そうすると人のことをよく見る癖がつき、後に部下を持つ立場になった時もその経験が生きるのである。

当社には「一月三舟《いちげつさんしゅう》」という禅の言葉が飾ってあるが、私はこれを次のように解釈している。同じ一つの月であっても、舟の位置によって見え方が異なる。一つのものを見るのでも、固定観念をもって正面からばかり見るのではなく、横から見ればどうか、反対側から見ればどうかと視点をガラッと変えてみる。

自分自身に対する評価もこの一月三舟で見るとよいだろう。最も大切なのは上司が自分をどう評価してくれているか、次が同僚、最後が部下の順である。一面的な見方をするのではなく、上下左右から物事を見る癖をつけ、自分を客観視できるようにすれば、自ずと仕事の幅も広がっていくはずである。

成功の心得

どれだけ読書をしているか。
すぐれた人の考えた方を真似しているか。

さかまき・ひさし　昭和15年栃木県生まれ。42年キヤノン入社。VTRの基礎研究、複写機開発、ワープロ開発、総合企画等を経て、平成8年常務取締役生産本部長。11年キヤノン電子社長に就任し、環境経営の徹底により6年で売上高経常利益率10％超の高収益企業へと成長させた手腕で注目される。

012

林野 宏

クレディセゾン社長

クレジットカードの世界に画期的なサービスを次々と生み出し、業界に不動の地位を築いたクレディセゾン。同社を長年にわたり率いてきた林野宏氏は、自らの20代をどのように過ごしたのだろうか。

ダメな制約要因を
自分でつくらない。
どうすればできるかだけを
考える

孫子の兵法をビジネスに生かす

大学生の頃、私は、父が株をやっていた影響で証券会社に入ろうと考えていました。しかし大学を卒業する頃、ちょうど証券恐慌が訪れて就職が難しくなったため、代わりに目をつけたのが西武百貨店でした。当時の西武は後発の百貨店でしたが、堤清二《つつみせいじ》さんによる陣頭《じんとう》指揮の下、飛躍的に売り上げを伸ばしていました。

私は大学で人口地理学や都市地理学などを学んだ経験から、どの国のどの都市に出店すれば会社が飛躍する、といった知識が多少あったため、面接時には「この会社に入って、世界に千の西武百貨店をつくりたいんです」と話した記憶があります。

大志を抱いて入社した最初の配属先は人事部で、私には大変なショックでした。ただ、与えられた仕事には積極的に取り組み、会社側もこちらが提案したことは何でもやらせてくれました。

私が上司と接する上で心掛けていたのは、その人が何が好きでどんなものを気に入るかを知るということでした。企画書を見せるにも上司に気に入られるようなものでなければ採用してもらえません。

私は二十八歳の時に、異動願を出して念願の企画室へと配属されましたが、そこには社長の堤さんや上役の人がいて、それぞれが違う価値観を持っています。しかし相手の話をいろいろと聞いているうちに、その人が好きなことは何か、どういう企画書の書き方をすれば通るのか、といったことが徐々に見えてくるようになりました。

あの人は字を読むのがあまり好きじゃないから図表を中心にしよう。堤さんは新しい発見がないと読まないからイノベーティブな要素を必ず散りばめるようにしよう。いまで言えばパワーポイントを使うような要領で、その人の価値基準に合わせて企画書を書いていくと、ほとんどの確率で採用してもらうことができたのです。

堤さんの決裁を得られなかった人は、「きょうは社長の機嫌が悪い」などとぼやいていましたが、決してそうではありません。相手の興味や関心をひくプランになっていないだけなのです。

孫子《そんし》の兵法《へいほう》に「彼《かれ》を知り己《おのれ》を知れば百戦殆《あやう》からず」とありますが、これをビジネスの場で実際に応用している人の数は、意外と少ないのではないかと思います。

ただ、そのために私はいくつもの企画書を用意する必要があったため、企画書はとにかく早く書いてしまうという癖をつけました。クレディセゾンでは現在会議をするのでも最長二時間と決めていますが、一つの問題に対してそれ以上考えていてもいい案が出てくるわけではありません。つまり二時間で考えられる範囲のことがいま自分が持っている実力であり、企画や会議の質を上げるには、この実力を高める以外に方法はないのです。

私が若い頃に堤さんを見ていて教わったのは**「ダメな制約要因を自分でつくらない」**ということでした。つまり、こういう法律やタブーがあるとか、いままでの習慣でこうしている、といったことはすべて無視してしまう。そして、どうすればそれができるかだけを考える。

私がいま、当社の社員によく言うのも、できない理由なんかはいい。そんなものはいくら調べたって、何の足しにもならないし、当社の社員には必要ない。できる理由を考える人を〝スタッフ〟というのだ、ということです。

もちろん法律違反になるようなことはやりませんが、しかしギリギリのところまではやる。あるいは貸金業法《かしきんぎょうほう》、割賦《かっぷ》販売法のように理不尽な法律を改正できないのか、等々……。

そうやって**「できる理由」を懸命に考えていくと、何らかのリスクを背負った場合でも、**

それを極小化することができるのです。

ただしそれはあくまで、リスクを最小限にとどめるためのプランにすぎません。したがって今度はそのマイナス要因を逆手《さかて》に取って、プラスの糊《のり》しろをつくることを考える。私はこれを、本当のプランというのだと考えています。

成功の心得

できない理由を考えていないか。
できる理由を考えているか。

りんの・ひろし　昭和17年京都府生まれ。埼玉大学文理学部卒業後、西武百貨店入社。人事部、企画室、営業企画室を経て、同百貨店宇都宮店次長。57年西武クレジット（現・クレディセゾン）に、クレジット本部営業企画部長として転籍し、平成12年より社長。

013

宮本洋一

清水建設社長

創業211年の歴史を有する大手総合建設会社の清水建設。売上高1兆3,000億円、社員1,000人を超える組織を率《ひき》いるのが宮本洋一社長である。氏の経営者としての礎《いしずえ》を築いたという20代の歩みとはどのようなものであったのか。

同じ失敗は二度してはならない。
その前提のもと、
失敗を恐れずに
チャレンジ精神を燃やし、
熱意を持って
真剣に仕事に打ち込む

「約束を守る」と「段取り八分」

私が建設会社を選んだのは、小さい頃からものづくりが好きだったからである。メーカーに勤務していた父親と一緒によく模型飛行機や鉱石《こうせき》ラジオをつくっていた。その原体験から自然と理系に進み、大学の専門課程に進む段階で、人の生活に不可欠な衣食住のうちの住に関わる建築に興味を持った。

大学四年生の夏、一か月ほど清水建設の現場で就業体験をさせてもらった時のこと。現場の職人さんを含む様々な人たちと接し、「シミズは人を大事にする会社」という噂《うわさ》どおりの社風に惹《ひ》かれ、こういう会社でものづくりの仕事に携わりたいと素直に思ったのである。

二十四歳で清水建設に入社した。私の直属の上司は、高卒の叩き上げで現場の作業所長へと上り詰めた、まさに才気煥発《さいきかんぱつ》な人だった。新人であってもどんどん仕事が与えられる。自由になる時間などほとんどない。朝から夕方まで現場にいて、職人たちに適宜《てきぎ》指示を出し、その後、事務所に戻ってから施工図《せこうず》を描いたり、次の日に必要な材料を手配する。とにかく毎日必死に働いていたが、失敗することも多かった。

いまでも鮮烈《せんれつ》に記憶していることがある。

ある現場で、鉄筋圧接工《あっせつこう》の親方に、「次はこの日に来てください。それまでにこういう段取りをつけておきますから」と約束していたにもかかわらず、作業が予定どおり進まないまま、当日を迎えてしまった。

彼は現場に現れるや否《いな》や、「これじゃ、仕事にならない。俺たちは請《う》け負《お》った仕事をして日銭《ひぜに》を稼いでいる。部下にもちゃんと給料を払わなきゃいけない。どういうつもりだ。もう二度とおまえのところには来ない」と言って、怒って帰ってしまったのである。

それまでその人とは非常に仲良くしていて、信頼関係を築けていたのだが、私のたった一回のミスによってひと溜《た》まりもなく関係が壊れてしまった。当日までにきちんと段取りをつけることが大前提であるし、それが仮にどうしてもできなかったとしたら、前もって事情を説明し、「あと一、二日延ばしてほしい」と言うのが筋だろう。

結局その時は、その会社の社長が取り持ってくれて、その後も継続して仕事を頼むことができたのだが、完全な関係修復にはなかなか至らなかった。

仕事は一人ではできない。いろいろな人との連携によってつくり上げていくものである。

ゆえに、仕事で大事なことは信頼関係であり、信頼関係を築くためには「約束を守る」ことが最も大切だ。裏を返せば、**「できない約束はしない」**ということである。

建設現場では「段取り八分《はちぶ》」とよく言われている。準備、段取りさえきちんとできていれば、その仕事の八割は完結したようなもの。これも仕事を遂行する上で要《かなめ》となる教えだろう。段取りの大切さ、それを疎かにした時に失うものの大きさを、私は身をもって学んだ。

「入社して最初の五年間は会社に負担をかける存在でも構わない。次の五年間は成功もするけど失敗もする。そして、十年経ったら会社に貢献する人間にならなければならない」

誰もが失敗は避けたいと思うし、成功体験を追い求めるだろう。しかし、失敗を繰り返すことが人間を成長させることに繋がるのであって、決して失敗を恐れてはならない。私の経験からしても、人間は失敗したり上手くいかなかったことほどよく覚えているし、その経験が人を一段階上へ上へと押し上げる原動力になる。様々なことに挑戦して、跳ね返されて、また向かっていく。そういうことを繰り返す中で人間は大きくなるのだ。

ただし、同じ失敗は二度してはならない。その前提のもと、失敗を恐れずにチャレンジ精神を燃やし、熱意を持って真剣に仕事に打ち込む。二十代の十年間で一番必要なのは、この姿勢を身につけることだと思う。

成功の心得

大切なことは「二度と同じ間違いをしないこと」。失敗を恐れず、チャレンジできているだろうか。

みやもと・よういち　昭和22年東京都生まれ。46年東京大学工学部卒業後、清水建設入社。平成15年執行役員、17年常務執行役員、18年専務執行役員を経て、19年社長。

014

佐久間曻二

WOWOW相談役

松下幸之助氏の薫陶《くんとう》を受け、最後の直弟子《じきでし》の一人と言われる佐久間曻二氏。松下電器（現・パナソニック）入社４年目に初めて対面した幸之助氏の思い出、そこから学んだことをお話しいただいた。

自分の提言は正しいと
自信を持って言えるか。
そうでなければ
本当に仕事をしているとは
言えない

松下幸之助氏の言葉「自分で確かめたんか？」

私が松下幸之助という偉大な師とお会いしたのは、二十八歳の時でした。組合活動をしながら、大阪本社の企画本部調査部で仕事をしていた頃です。

ある時、幸之助さんが新聞広告に出ていた某ミシン会社の貸借《たいしゃく》対照表を見て、現金を非常に多く保有していることに驚かれ、その理由を調べるようにと指示がありました。調査をしたところ、その会社では、消費者が購入したいミシンを積み立てで販売する「予約販売制度」を取っていたことが分かりました。

私はその報告書を上司に渡して用件を済ませたつもりでいましたが、幸之助さんは私に直接説明に来るように言われました。

当時、社長だった幸之助さんは、松下正治《まさはる》副社長と高橋荒太郎《あらたろう》専務とで、重要事項を決済する三役会議を開いておられました。まだ入社四年目だった私が恐る恐る部屋に入ってみると、幸之助さんが非常に話しやすい雰囲気を湛《たた》えておられることにまず驚きました。

幸之助さんはその予約制度を松下でもやりたいと考えておられましたが、私は一通りの報告をした後で「やるべきではありません」と結論を述べました。

幸之助さんはじっと話を聞いておられましたが「君はそれ、自分で確かめたんか?」と言われました。つまり、調査会社にやらせたのではなく、自分の目と耳と足で確かめたのかと。私が「全部自分で確認しております」と答えたところ、「そうか、それは結構や。ところで君、そのミシン会社は一流やろ。その一流会社がやってることを、うちがやったらなぜあかんのや」とおっしゃいました。

私は「一流会社がやっているからいいというのではありません。この制度を採用することが一流会社として本当にふさわしいものかどうかで判断してください」と述べました。するとと幸之助さんは「よし、分かった。やめとこう」と即断《そくだん》されたのです。

驚いたのはこちらです。普通なら「後は我々で預かるから」というふうになるものでしょう。幸之助さんがそうでなかったのは、実際に現場を見てきた者に対する信頼と、もう一つは経営者としての「勘」ではないかと思います。

その予約制度は顧客との契約を巡るトラブルが多く、新聞沙汰《ざた》になっていたことがよくありました。松下としては消費者に対して少しでもご迷惑を掛けるようなことはやるべきではないし、ミシンの普及《ふきゅう》が進んで価格が下がればその制度自体が成り立たなくなる。長い目で見れば決してよい制度ではないということを感じられ、さっと決断を下されたのでしょう。

その時につくづく感じたのは、私が自分で現場を歩き、自分で確かめて結論を出したのが、信用を得る根拠になったということです。現場には宝物が落ちていると言われますが、絶えず現場を確かめることの大切さをこの時、身をもって知りました。

当時から私の根本にあったのは、社長や上司を間違わせたくない、会社として正しい判断をしていただきたいという思いでした。自分が提言することは会社にとって正しい、と自信を持って言えるかどうか。そうでなければ本当の意味で仕事をしているとは言えないでしょう。

仕事をする上でもう一つ大事なのは**「愛される人になること」**でしょう。では愛される人になるためには何が大事か？　私は**「相手の話をよくお聞きすること」**ではないかと思います。

とかく若い頃は自分の話ばかりを一所懸命してしまいがちですが、相手の方から「あぁ、この人間は自分のことをよく考えてくれているな」と思っていただけるかどうか。そのポイントは人の話をよくお聞きすることにあると、いま実感しています。

成功の心得

自分の判断は会社にとって本当に正しいか。
自分の目でちゃんと確かめたか。

さくま・しょうじ　昭和6年新潟県生まれ。29年大阪市立大学卒業。31年同大学大学院経営学研究科修了、同年松下電器産業入社、62年副社長就任。平成5年WOWOWに転じ、社長就任。13年会長就任後、14年社長に再任（会長と兼務）。15年会長専任に。19年相談役。

015

佐々木常夫

東レ経営研究所元社長

若いビジネスマンに向けて綴った著書がベストセラーになるなど、幅広い年齢層から支持を集める東レ経営研究所元社長の佐々木常夫氏。深い葛藤を抱えて過ごしたという20代を振り返りつつ、若い世代へのメッセージを贈っていただいた。

プアなイノベーションより、優れたイミテーションを

優れた人のやり方を真似よ

二十代の頃の私は仕事に対する熱意もほとんどなく、ミスや遅刻を繰り返しては上司に怒られてばかりいる社員でした。東レに入社後二年間、生産管理の仕事に携《たずさ》わりましたが、工場に指示書を送る際、生産量一・八トンを十八トンと桁数《けたすう》を書き違えたまま、FAXを送ってしまったこともあります。二、三か月分の製品をつくるつもりが五年分もの発注をしてしまい、工場で在庫の山を見るたび居たたまれない気持ちになりました。

さすがの私も、こんなことを続けていてはいけないと次第に感じるようになり、どうしたらよいかと考えました。その結果、なぜミスをしたか、遅刻をしないためにはどうすればよいかといったことを逐一《ちくいち》メモしていくようにしました。

よい習慣は才能を超える——。これは四十年間のビジネス人生を通じて得た私の実感です。たとえ失敗をしても、その失敗の要因と、今後どうすればよいかを自分に問い、メモを書く習慣を身につける。私はそれを続けていくことによって、ミスの数も徐々に減り、遅刻の心配をすることもなくなっていきました。

二十代という年代は知識も知恵も不足しているため、いろいろな回り道をし、時間をロスしてしまいがちです。ただ、私のように失敗を重ねてきた人間は、次は失敗しないようにと心掛けるため、三十代に入るとそれほど失敗をしなくなります。自分自身を振り返って最も成長したのは三十代後半から四十代にかけてでしたが、本当は二十代の時にもっと伸びなければいけないと考えています。そしてそのためには二十代の時にどんな人が周りにいたかが重要になってきます。

仕事を早く覚えるための秘訣《ひけつ》は、優れた人のやり方を真似るということです。尊敬する上司が朝何時に出社するのか、お客様とどう接しているのか、どんな電話のかけ方をしているのか、等々。

私はよく「プアなイノベーションより、優れたイミテーションを」と述べていますが、一般的な会社の仕事で、創造性を求められる仕事はほとんどありません。従って、**優れた仕事をしている上司や先輩のやり方を注意深く観察し、どんどん真似ていけばよい**のです。

さらに具体的な話をすれば、上司の注文を聞くのも大事な事柄です。上司は自分よりも長く仕事をしているため、様々なスキルや知恵を備えているものです。仕事を頼まれたら、この仕事はどういう背景で私に与えられたものなのか、どのくらい重要度が高いものなのかといったことを聞けば、上司もたいてい丁寧に教えてくれるものです。

私が一般社員だった頃は、必ず正月に仕事の通年計画を立ててそれを上司に見てもらい、指導を仰ぐようにしていました。そして「君、ここが違うよ」とか「この仕事よりも、こっちの仕事のほうが大事だ」といった助言をいただき、それらを盛り込んだ上で計画を完成させるのです。私は、「戦略的な計画立案は仕事を半分にする」と考えていますが、例えばある仕事を一週間でやろうと決めて取り掛かる場合と、期限を設けずに取り掛かる場合。後者は下手をすると、前者の倍以上の日数が掛かってしまうことになります。

従って**仕事に臨《のぞ》む時は自分でデッドラインを設定し、自分自身を追い込んでいく。**上司から言われた締め切りよりも早めに仕上げる目標を立て、その期日に挑んでいけばその人は間違いなく成長していくはずです。

私はこれまで多くの部下の仕事ぶりを見てきましたが、成長していく人に共通しているのは「志」があるということです。

この会社で出世をしたい、プロになりたい、世のため人のためになる仕事をしたい……。

そうした気持ちが根底にある人は、そのための努力を惜《お》しまないため、自《おの》ずとよい結果が生まれてきます。

成功の心得

自分でデッドラインを設定しているか。
締め切りよりも早く仕上げる目標を立てているか。

ささき・つねお　昭和19年秋田県生まれ。44年東京大学経済学部卒業、同年東レ入社。平成13年東レ同期トップで取締役となり、15年より東レ経営研究所社長。22年特別顧問。26年退任。現在、佐々木常夫マネージメント・リサーチ代表取締役。

016

雀鬼会会長

桜井章一

20年間無敗の伝説をつくり上げた“雀鬼”こと桜井章一氏。「雀鬼流麻雀道場牌《パイ》の音《おと》」の運営を通じて長年、後進たちの人間教育を行ってきた氏に、若い世代へ向けてのメッセージをいただいた。

準備、実行、後始末

人間に一番必要なのは「いき」

私は「雀鬼会《じゃんきかい》」という麻雀《マージャン》道場を開き、そこで若い道場生たちと日々触れ合ってきた。

私自身が麻雀を始めたのは、大学時代である。幼い頃、親父が花札《はなふだ》や麻雀に狂《くる》って母親が泣かされるのを見て育ったため、最初は麻雀を憎《にく》んでいた。しかしメンコやベーゴマ、相撲《すもう》といった勝負事にはもともと強く、大学生になって友人に誘われ、初めて麻雀に触れたところから、勝負師としての能力が開花していったように思う。

私が行っていた裏麻雀の世界における代打《だいう》ちは、普通の麻雀とはまるで趣《おもむき》が異なる。負ければこの町から消える、自分の命を消されてしまうという命懸けの勝負で、脅しや暴力にも身を晒《さら》しながらの二十代を送った。

ただそんな毎日にもかかわらず、私はそれを辛いだの苦しいだのと感じたことは一度もなかった。こっちの坂から飛び降りるのと、あの崖《がけ》から飛び降りるのと、どちらが面白いか。私はそんな時必ず、**リスクがあるなというほうに身をおく**ようにし、その中で本当の楽しみというものを味わってきた。

平成二十三（二〇一一）年に発刊された『一流たちの金言』（致知出版社刊）の中には、

「準備、実行、後始末」

という私の言葉が紹介されているが、これはいまの麻雀道場から生まれてきた言葉だった。

私の道場にいる若者は、ほとんどが一流大学や大学院を出た者たちだが、「この子、なんでこんなことができないんだろう」と思って見ていると、間違いなく準備をしていない。物事を実行に移す以前の問題である。また、実行まではしても、後始末をできない者もいる。

後始末の「つ」は、実は準備の「じ」にくっついていて、準備、実行、後始末の三つはグルグルと回っているのである。したがって物事には終わりがなく、すべてが始まりであるとも言える。この「始まり」ということを年がら年中考えていくと、毎日変化があって人生が楽しくなる。同じ仕事をするのでも、日々変化を加えていけばいいのだ。

麻雀に限らず、勝負の世界には必ず「流れ」が存在する。その流れには正しいものもあれば、間違ったものもある。そして仮に、「間違いの流れ」が生じた場合、正しい姿勢を貫いていると、その流れに乗ることができない場合がある。

これは間違いの手であり、悪い手であると自覚しながらも、あえてその手を打ったほうがよい結果を招くこともある。しかし、いったんその流れに悪い手で乗ると、次に「正しい流れ」がきた時に、流れに乗れなくなってしまうことが多いのだ。

だから損得や勝敗を決する場面が目の前に現れても、俺は自分との約束を守るんだ、何があっても正しいことを貫くんだという気持ちでいれば何も恐れることはない。これはどんな仕事の世界にも通じて言えることだろう。

人間にとって一番必要なのは「いき」ということ。この「いき」は「粋」でもあるし、「活き」や「意気」でもある。意味のある気持ちをお互いに出すようにしていれば、正しい流れに乗れる可能性は高くなるだろう。


皆さんは勝負事と聞くと、お金を賭ける勝負を思い浮かべるかもしれないが、本当はそれだけではない。相手と思いやりの度合いを比べる勝負もあれば、手助けを競う勝負もある。「おまえより俺のほうが損をしてやるぞ」という損を比べる勝負もあるだろう。

最初から自分のほうが痛い目に遭《あ》うと分かっていてそれでも勝負ができるか、自分のほ

うが損をすると分かっていて、勝負を始めることができるか。私が雀鬼会の若者たちにしてきたのも、そんな話ばかりである。

成功の心得

損得勘定で動いていないか。
正しいことを貫ける覚悟があるか。

さくらい・しょういち　昭和18年東京都生まれ。大学在学中に麻雀を覚え、半年でフリーに。実業の世界に身を置く傍ら、プロの代打ちとして20年間無敗、〝雀鬼〟の異名を取る。引退後、「雀鬼流麻雀道場牌の音」を開き、後進の指導に努める。

017

生田正治

商船三井最高顧問

日本郵政公社初代総裁《そうさい》として、民営化の基礎を築いた、生田正治氏。戦後の日本国復興の志に燃えていたという20代の体験から、いまの若い人たちに伝えたいことを伺った。

仕事や読書、遊びを通じて「脳内の内部留保」を広くし、深めよ

できるだけ失敗をせよ、されど同じ失敗をするな

私が新入社員によく言って聞かせるのは「できるだけ失敗をしろ」ということである。ただし失敗をするにも二つの条件が要《い》る。

一つ目は、**同じ失敗をするな**ということ。二つ目は、失敗をした時には直《ただ》ちに報告すると同時に極力自分で解決する努力をしろということである。

失敗したことをいつまでも後悔している必要はないが、反省をしてこれを繰り返さないようにしなければならない。また、失敗したことを自分で修復しようと努力すべきだが、一人ではどうしても手に負えない時がある。

だが新人が取り返しのつかない失敗をやらかしたと思ったことでも、上司に相談すると、いとも簡単に解決するということが往々《おうおう》にしてあるのだ。

私自身も、お客様からお預かりした貨物《かもつ》をアメリカのヒューストンへ送らなければならないところを、ニューヨーク向けに手配してしまったことがあった。どうしていいかわからず暗澹《あんたん》たる気持ちになっていたが、上司に事の次第を伝えたところ、「何をしている」と一言怒られたのみで、すぐに手を打ってくださった。

月刊誌『致《ち》知《ち》』定期購読のご案内

感動のお便りが毎日届く月刊誌

電車で1時間以上かかる通学時間、今では電車に乗ったら開かずにはいられないものとなってきました。

古賀大就君（中学1年・兵庫県）

『致知』は五臓六腑に活力を与え、私に希望と勇気を与えてくれる大切な月刊誌です。

金子富子様（70代・神奈川県）

『致知』は私のモチベーションスイッチになっています。奮起したい時、困難に直面した時、たくさんのエネルギーをもらっています。

森下貴子様（30代・大阪府）

いまでは私にとってお金では買えないくらい価値のある本となりました。

中村俊之様（40代・香川県）

詳しくは本書巻末またはHPで

http://www.chichi.co.jp 『致知』で検索

『致知』の詳細・申込はこちら

郵便はがき

料金受取人払郵便

渋谷局承認

241

差出有効期間
平成31年4月
30日まで
(切手不要)

1508790

584

東京都渋谷区神宮前4-24-9

致知出版社 行

『致知』定期購読申込みハガキ

FAXもご利用ください。➡ FAX.03-3796-2108

【お買い上げいただいた本 】

フリガナ		性 別	男 ・ 女
お名前		生年月日	西暦＿＿＿＿＿年 月 日生 歳
フリガナ		部署・役職名	
会社名			
ご住所(ご送本先)	自宅 会社 〒 －		
電話番号	自宅 － －	会社 － －	
携帯番号		E-mail	
職 種	1.会社役員 2.会社員 3.公務員 4.教職員 5.学生 6.自由業 7.農林漁業 8.自営業 9.主婦 10.その他		

ご購読口数 (バックナンバーは別売になります) 最新号より 毎月＿＿＿冊	ご購読期間 ○印をしてください ( )3年 27,800円(定価37,800円) ( )1年 10,300円(定価12,600円) ※年間12冊・送料・消費税含む

※ご購読料の請求書(振込用紙)は、初回送本に同封させていただきます。
お客様からいただきました個人情報は、商品のお届け、お支払いの確認、弊社の各種ご案内に利用させていただくことがございます。

結果的にはその後、ニューヨークの責任者へ指示が飛び、飛行機で即座に移送する手筈《てはず》が整えられた。ヒューストンで貨物を待っていらしたお客様も「よくすぐに運んでくれた」と逆に大変喜んでくださったという。私にとっては手痛い教訓だったが、**若い頃に何の失敗もしないようでは、学習効果が少ない**という言い方もできるだろう。

私自身のことを振り返ってみて、二十代でまず大切だと思うのは、自分の頭で考える力を養う、ということが一つ。次に、様々なことに幅広く興味や関心を持つこと。私の周りを見てみても、社会的に成功を収めているのは好奇心のかたまりのような人がほとんどである。そういう気持ちを常に持っていることが、人をよく知ることにも繋がっていくのだろう。

また人を知ると同時に、**自国の歴史を知っておくことは外国人と交流をする上での必須条件**である。私が社会人になってから愛読したのが、司馬遼太郎《しばりょうたろう》の一連の歴史小説だった。中でも『坂の上の雲』に描かれている氏の歴史観や国家観には深い感銘を受けた。氏はこの作品の中で革命によって短期間に近代国家をつくり、列強を打ち破る様《さま》を描きつつ、その主導者がどういった末路《まつろ》を辿ったかを表し、次代への警鐘《けいしょう》を鳴らしている。

また同じく氏の『世に棲《す》む日日』には、〝革命は三代で成立する〟との記述がある。初代は吉田松陰のように思想家として現れ、二代は高杉晋作のような乱世《らんせ》の雄《ゆう》（戦略家）、そして最後に現れるのが伊藤博文や山県有朋《やまがたありとも》といった実務家だというのである。

氏のこの洞察《どうさつ》は、ビジネスの世界にもそのまま当てはまる。但《ただ》し、現代は昔とスピードが違うので、経営者は一人でこのうち二役以上を兼ね、思想（ビジョン）を明示し、戦略を打ち立てる。それと並行する形で有能な実務家を配下につけ、改革を行っていくという具合である。

総じて言えば仕事や読書、遊びを通じて若い頃から「脳内の内部留保《りゅうほ》」をできるだけ広く深め、また出会った方々との関係も大切にし、どんな物事にも対応できるよう力を蓄《たくわ》えておくことが二十代を生きる上で肝要《かんよう》ではないかと思う。

日本国を根本的に変えていくのはいまの政治家や経済界の幹部層ではなく若い人の力である。俄《にわ》かに物事は成せずとも「継続は力なり」と信じ何事にも粘り強く取り組んでいってほしいと願っている。

成功の心得

何事にも粘り強く取り組んでいるか。
自分で解決する努力をしているか。

いくた・まさはる　昭和10年兵庫県生まれ。32年慶應義塾大学経済学部卒業。三井船舶（現・商船三井）入社。62年取締役、平成元年常務、3年専務を経て6年社長に就任。12年会長。15年日本郵政公社初代総裁に就任、19年退任。同年商船三井相談役。22年最高顧問。

018

里岡美津奈

人財育成コンサルタント

全日本空輸で24年間客室乗務員（CA）を務め、天皇皇后両陛下や各国要人のVIP特別機担当として活躍してきた里岡美津奈さん。現在は独立して人財育成コンサルタントを務める里岡さんに、原点となった20代のご体験を交えながら、一流の人財に成長するための心掛けを伺った。

心をきちんと管理できない人に
クオリティーの高い仕事はできない

チャンスを呼び寄せた三つの習慣

私はこれまでの人生で、何かを狙って摑み取った体験は一度もありません。

短大を卒業後、実家で家事手伝いをしながら、このまま結婚していくのだろうなと漠然と考えていた私が、程なく全日本空輸（全日空）のキャビンアテンダント（CA）となり、天皇皇后両陛下をはじめ各国の要人の接遇《せつぐう》に携わる立場になるなど思いも寄らないことでした。

特別な取り柄《え》もない私が、こうした素晴らしい機会に恵まれたのはなぜでしょうか。一つ思い当たることは、習慣を大切にしてきたということです。

私がいつも心掛けてきたのは、**「常に笑顔でいること」「身だしなみをきちんと整えておくこと」**、そして**「常に相手の期待より少し上を目指していくこと」**でした。

習慣というのは、昨日、きょう始めたことではなく、どんな状況でも常に行っていることです。よい習慣を続けてきたことで、私は少しずつ周りの方々から信頼され、安心してもらえる人財に育っていったのでしょう。そして私の習慣は、二十代の頃の様々な体験を通じて培《つちか》われたものなのです。

ＣＡは乗客の皆様を目的地まで安全にお送りする保安要員であり、機内販売を行うセールス要員であり、快適なフライトを演出するサービス要員でもあります。二〇〇一年の９・11のテロ以降は保安要員としての役割がとりわけ重視されるようになり、入社後の研修内容も保安に関することが大半を占《し》めるようになりました。

私たちにはそこをしっかり踏まえた上で、お客様に機内で楽しい時間を過ごしていただくための工夫が求められました。その一番の基礎として、入社間もない頃先輩から**「You never get a second chance to make a first impression.（第１印象はやり直せない）」**という言葉を教えていただきました。

自分は意識しなくても、人は出会った瞬間に相手の方から第一印象を持たれます。そして第一印象を決めるのは自分の外見です。相手の方の目にどう映り、耳にどう聞こえ、鼻でどう嗅《か》がれるかといった五感を通じて与える印象が、たくさんのお客様に接するＣＡには特に重要なのです。私は自分の第一印象を徹底的に意識して仕事に臨む中で、冒頭にご紹介した三つの習慣を身につけるとともに、第一印象は突き詰めれば自分の内面を反映するものであることも学んだのです。

お客様には気づいていただかなくても構いません。気づかないけれども何か気分がよい。そういう見えない心配りを重ねることで、お客様に快適な時間を過ごしていただけるのです。

ですから私が一番嬉しかったのは、無事目的地に着いてお客様をお見送りする時に「きょうのフライトは何だかとてもよかったよ」と、なんとなく心地よい印象を持っていただいた時です。そのなんとなく感じる心地よさの背景には、様々な要素が含まれており、それをつくり上げるのが一人ひとりのクルーであり、チーフパーサーのリーダーシップなのです。

私は四十一歳でがんを患《わずら》い、二年ほど仕事の場から離れていた時期があります。幸い復帰を果たすことができ、いまも元気に働いていますが、あの時以来、いまこの時を精いっぱい生きようという思いで歩んでまいりました。ですから若い方々には、好奇心を糧にぜひとも様々なことにチャレンジしていただきたいと切《せつ》に思うのです。

人は自分が思っている以上に大きな能力を内に秘めているものです。自分のポテンシャルを最大限に発揮するためにも、小さな夢で自分を満足させることなく、いつも大きな可能性を追求していただきたいと思います。

その一方で、自分の持ち味を冷静に認識する平常心を持つことも大切です。私は接遇者に必要な条件の一番に心の状態管理を挙げています。心をきちんと管理できない人に決してクオリティーの高い仕事はできません。

成功の心得

自分の持ち味をしっかり認識して、第一印象を大切に行動できているか。

さとおか・みつな　愛知県生まれ。短大卒業後、昭和61年全日本空輸入社。国内線、国際線のチーフパーサーとして活躍。その間トップVIP担当の客室乗務員訓練制度の第1期メンバーに選ばれ、各国要人のVIP特別機を担当。平成22年全日空退職。人財育成コンサルタントとして独立。米国法人旅行コンサルタント会社 Japan Quest Journeys 取締役。

第三章

試練を越える

019

大久保秀夫

フォーバル会長

情報通信業界のリーディングカンパニーとして躍進し続けるフォーバル。25 歳で同社を創業し、かつて国内通信を独占していた電電公社に闘いを挑み、通信の自由化に尽力したのが大久保秀夫氏である。怒濤《どとう》の如く生き抜いたという氏の 20 代の歩みに迫った。

二十代は
ぶつかって、
ぶつかって、
ぶつかりまくれ

自分で理想の会社をつくろう

二十五歳の時、徒手空拳で創業した会社は三十五年経ったいま、売上高四百億円、従業員千七百人を超える上場企業になった。そんなことから時折、「大久保さんが成功した秘訣は何ですか」と尋ねられるのだが、はっきり申し上げてこういう質問にはうんざりする。「まだまだやりたいことが山ほどあるし、成功したとは全く思っていない」というのが正直な答えだ。

自分は成功した、もう満足だと思ったその瞬間から、人間は堕落の一途《いっと》を辿る。やはり生きている限りゴールはないし、死ぬまで成長し続けなければならない。現在私は六十歳だが、いまも毎日全力の日々を過ごしている。その姿勢を築き上げたのは怒濤の如く生きた二十代の十年間に他ならない。

私は小さい頃から正義感が強く、学生時代は検察官を目指して勉学に励んでいた。大学三年生の時に結婚したが、義父との約束で卒業までに合格しなければ就職することになり、結局二回とも不合格。やむを得ず婦人服メーカーに入り、総務人事の仕事をやるに至った。

不本意なスタートを切ったが、仕事というのはやっていくうちに面白くなってくるもので、持ち前の正義感の強さを発揮してどんどん仕事にのめり込んでいった。始業時間は朝九時だったが、私はその一時間以上前に出社し、全員の机を拭《ふ》いたり、床掃除をした。九時が近づくと受付前に立ち、始業時間ギリギリに来る社員には遅刻のタイムカードを切った。「何するんだ。間に合ってるじゃないか」。「あんたらおかしい。ここで九時ってことは、自分の机につく頃には九時五分だろう。だから遅刻なんだ」。これには労働組合から吊《つる》し上げを食らったが、私も負けずに「その根性、叩き直せ！」と二十二歳の新入社員ながら闘った。すると、どうだろう。三、四か月経つと全員が五分前や十分前に出社するようになったのである。

そうやってとにかく暴れ回っていたが、安月給で生活は苦しい。ところが、五十名以上いる同期たちは、優雅に飲みに行っている。調べると彼らはみな、残業手当をもらっていたのだ。「うちの会社は五時からが勝負だろ」という同期の一言に愕然《がくぜん》とした。自分はこの三年、朝早く起きて一所懸命仕事して定時で帰っていた。それだけ頑張っても給料は十万円。一方、朝遅く会社に行って仕事をできるだけサボって、夜までダラダラやっている人間が十四万円。

私は時間軸だけで評価する会社は耐えられないと、辞表を叩きつけた。その後、年齢やキャリアに関係なく実力で評価される環境を求め、フルコミッションの外資系教材販売会社に転職。他の社員が五件、十件電話を掛けては一服している中、私は毎日、食事もろくに取らず何時間も掛け続け、一か月で前職の一年分の給料を稼いだ。半年でマネージャーに昇進。ところが、人を育てずに次から次へと使い捨てにする社長のやり方が気に入らず、最後は社長と口論になって退社した。

二十五歳にして、日本的な年功序列の会社とアメリカ的な成果主義の会社の両方を経験し、「俺の働ける場所はどこだ。俺の人生って何だろう……」と悶々《もんもん》とした日々が続いた。そんな時、ふと家内がこんなことを言ったのである。

「あっちが嫌だ、こっちが嫌だってぐちぐち言わずに、男なら自分で理想の会社をつくったら?」

まさに目の覚める思いがした。この言葉に一念発起《ほっき》し、老若男女を問わず力のある人間はどんどん抜擢《ばってき》し、だけどいったん採用した以上は固定給や社会保険を保障し、絶対クビにしない。そういう会社を自分でつくろうと決意した。

何事も一所懸命やれば必ず疑問にぶつかる。疑問すら起きない人間は、一所懸命やっていないということだろう。ゆえに、二十代はぶつかって、ぶつかって、ぶつかりまくれと言いたい。

成功の心得

仕事をしながら
絶えず疑問にぶつかっているか。

おおくぼ・ひでお　昭和29年東京都生まれ。52年國學院大學卒業後、婦人服メーカー、外資系教材販売会社を経て、55年新日本工販（現・フォーバル）設立、社長就任。平成22年より現職。日本商工会議所特別顧問や公益資本主義推進協議会会長など、様々な要職も務める。

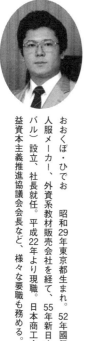

020

横田尚哉

ファンクショナル・アプローチ研究所社長

「問題解決手法」を駆使《くし》し、短期間で数億円から数十億円の工事費を浮かせるなど、業界屈指《くっし》の経営コンサルタントとして活躍する横田尚哉氏。氏は自らの20代に何を考え、どのように過ごしたのだろうか。

出し惜しみ、骨惜しみ、負け惜しみをしない

消費の二十代ではなく、投資の二十代に

皆さんの中には就職活動で苦労して会社に入ったものの、理想と現実のギャップにぶち当たり、外れくじを引いたように感じている人も多いかもしれません。しかし本来仕事には、当たりも外れもありません。当時はつまらなくて仕方がないと思っていたはずの仕事が、後にその人の大きなベースとなるようなことが往々《おうおう》にしてあるのです。

私が入社して四年半が経ち、二十七歳になった時のこと。広島に技術部門が新設され、私は大阪本社から転勤を命じられました。

その広島の勤務地に、新卒で入社してきた後輩のエンジニアがいました。他の同期は東京や大阪本社に配属され、彼一人だけがぽつんと広島にいる。周りの先輩とは年が離れていて普段話せる人もいない。彼は毎日つまらなさそうな顔をして図面と向き合っていました。

私はそんな彼に「いま何の仕事をしてる？」と声を掛けました。すると彼は「横田さん、私もう、ずっとこんな雑務ですよ。同期は東京で打ち合わせに参加したとか、自分の資料

がプレゼンに使われたとか、楽しそうに話してる。自分はアルバイトにでもできるような雑務ばっかりさせられて……。もっと技術屋的な仕事がしたいです」と言って不貞腐《ふてくさ》れていました。

私は「あぁ、そうか」と返事をして、もう一度、「おまえがいまやっているのはどういう仕事なの。その図面の縮尺《しゅくしゃく》は何分の一？」と聞きました。すると彼は「えっ、ちょっと待ってくださいよ」と言って、端っこに書いてある縮尺の数値を読もうとした。

「おまえ、数字を見ないと分からないのか。半年間もずっとその図面の作業をしてきて、いまだにそれを見ないと分からないのか。半年間もったいないことしてるよなぁ。一つの図面を散々見続ける経験なんて滅多にできんことやで。どんな図面がきても、これは何分の一の縮尺だとパッと見て言える。それが技術屋の仕事というもんや。おまえは朝から晩までそれだけをしていて、なんで覚えられんのや」

私の言葉を聞いて、彼は初めてハッとした表情を浮かべ、「自分はこの半年間、雑務としか思いませんでした」と言いました。

「おまえの先輩が雑務としてこの仕事を与えたか、経験として与えたかは分からない。いずれにせよ、おまえはそれを経験にはしなかった。この半年間ただ〝消費〟をしただけで、

〝投資〟にはなっていない。図面を見ただけで、縮尺も何も瞬時にして分かる。その技術は教科書にも書いていなければ、学校の先生も教えてくれない。これは経験でしか得られないものなんや。おまえはその経験の場を与えられてる。同期の人間なんかより、おまえのほうがずっと恵まれてる。それをおまえは分かってないだけや」

彼はこのことがあってから、目の色を変え、嬉々《きき》として自分の仕事に励むようになりました。

二十代は夢や理想が人一倍強いため、会社や上司に文句を言いたくなることも多いかもしれない。でもここから**何を学んでいこうかという気持ちや、何かを得てやろうという思いさえあれば、誰もが充実した日々を過ごせる**はずなのです。

私の好きな言葉に「怠らず」があります。一般に「焦《あせ》らず、急がず」が大事だと言われますが、解釈を間違うと怠惰《たいだ》な気持ちや甘えが生じてしまうため、私は最後に「怠《おこた》らず」を加えるようにしています。怠らずとは、「出し惜しみ、骨惜しみ、負け惜しみ」の三つをしないということです。

もし自分のやりたいことが分からなくとも、いま自分ができることは何だろう、いまの自分にしかできないことは何だろうと常に問い掛け、出し惜しみ、骨惜しみ、負け惜しみをせずに二十代を過ごせれば、それ以降は必ず素晴らしい人生が待っている。そのことを若い方々にはぜひ知っていただきたいと思います。

成功の心得

いま自分が置かれている環境でできることは何か。
ここにいる特権とは何かを考えているか。

よこた・ひさや　昭和39年京都府生まれ。62年立命館大学卒業後、パシフィックコンサルタンツ入社。GE（ゼネラル・エレクトリック）の改善手法をアレンジして10年間で総額1兆円分の公共事業の改善に乗り出し、コスト縮減総額2000億円を実現。平成22年、ファンクショナル・アプローチ研究所を設立し、社長に。

021

加藤照和

ツムラ社長

創業120年以上になる漢方のツムラ。若手時代に同社の経営危機に直面し、打開のために奔走した加藤照和氏は、その実力を認められ、48歳で社長に就任した。若き日の氏は、いかなる姿勢で仕事に向き合ってきたのか。

どんなに
困難な仕事であっても、
真剣に向き合えば
無駄な経験など
何一つない

折れそうな心を奮い立たせて

私の二十代は激動の時代でした。当社は明治二十六年の創業以来、百二十年以上の歴史を刻んできた漢方メーカーですが、二十代後半の頃は経営状態が芳《かんば》しくなく、改革の一環で、自分の実力を遙《はる》かに上回る難しい仕事にも取り組まなくてはなりませんでした。

おかげさまで危機も脱し業績が堅調《けんちょう》ないま実感するのはたとえ困難な仕事であっても「真剣に向き合えば無駄な経験など何一つない」ということ。**経験こそ仕事の最大の報酬であり、前例のない困難な仕事ほど価値があり、それは後で必ず生きてくる**ということです。

当社に入社した時、私は営業職を志望していたにもかかわらず、配属されたのは経理部門でした。実は大学一年の時に簿記《ぼき》・会計を勉強したもののあまり関心が持てず、二年時から専攻をマーケティングに切り替えた経緯があり、最初は随分落胆《らくたん》したものです。

しかし、経理部門では種々《しゅじゅ》の伝票整理から有価《ゆうか》証券報告書の作成、さらには新しい会計システムの立ち上げまで、様々な業務を担当する機会に恵まれました。そこで得た経験は私のビジネスのベースとなりました。

経理部門で九年間仕事をした後、子会社の整理・清算を手掛ける新設部門への異動を命じられたことも、私のビジネス人生の大きな転機でした。

当時の経営状況は、多角化の失敗で四期にわたって赤字が続き、その煽《あお》りで尊敬する上司が要職から外れ、個人的にも心に大きな傷を負った激変期でした。子会社の整理・清算業務は、当時の社内には経験者のいない未知の業務でしたが、経理部門からは私がチームに加わることになりました。

私は、顧問弁護士と打ち合わせを重ねながら子会社に赴《おもむ》き、事業の縮小や清算を通告し、従業員の賞与や報酬のカット、さらには、在庫の山を捌き切るまで無報酬で働いてほしい等々、厳しい要求を提示しなければなりませんでした。先方に赴く度《たび》に従業員の苦しみや怒りの空気を受ける毎日が続きましたが、事態は一刻の猶予《ゆうよ》も許されず、折れそうになる心を奮い立たせて業務を遂行しました。

そんな私の支えになってくださったのが、二社目に清算した会社の社長でした。その会社は、ポプリをはじめとするアメリカ雑貨の流通やショッピングモールを手掛けていました。時代を先取りし過ぎて在庫の山を築いてしまいましたが、社長はアメリカでＭＢＡも取得している非常に優秀な方で、たまたま同じ大学の先輩ということもあって通じ合うものがあり、私の立場をよく理解し、とても協力的に動いてくださいました。

その社長は若い私に対して、清算についての打ち合わせに留まらず、事業に懸ける思いや、アメリカ時代のお話など、ご自身の体験を交えながら仕事や人生について様々なアドバイスしてくださいました。そこで教えていただいたことは、かけがえのない財産としていまも私の支えになっています。

清算した会社はトータルで七、八社にも上りました。何の知識も経験もない私が困難な業務を全《まっと》うできたのは、その社長をはじめ、周りの方々と深い信頼関係を築くことができ、支えていただいたおかげに他なりません。心が折れそうになっても、逃げずに真正面から向き合ったことが、いまの私のベースになっています。

その後の私のビジネス人生も、前例のない仕事の連続でした。子会社の整理・清算が終わると、アメリカでマーケティング会社「パシフィック・マーケティング・アライアンス」の立ち上げを命じられ、当社の商品を適正価格で流通させることに取り組みました。後発にもかかわらず、四年で市場シェア六割を実現できたのも、困難な仕事を通じて自分のベースが培われていたからだと思います。

冒頭に記したように、どんなに困難な仕事であっても、真剣に向き合えば無駄な経験など何一つないのです。

成功の心得

困難から逃げずに真正面から向き合っているか。

かとう・てるかず　昭和38年愛知県生まれ。61年中央大学商学部卒業後、津村順天堂（現・ツムラ）入社。米国法人社長、コーポレート・コミュニケーション室長などを経て、平成24年社長に就任。

022

はとバス元社長
宮端清次

倒産の危機に陥ったはとバスの社長に就任後、短期間で業績をV字回復させた宮端清次氏。自らが「原点」と振り返る都庁交通局時代のお話を伺った。

向こう傷を恐れず、
血智汗涙でやり抜く

転職して上にのぼっていける人は僅か一、二割程度

自分は一流大学を出たわけでも、キャリア官僚になるだけの力があるわけでもない。ならば一流の下《げ》よりも、二流の上《じょう》を目指そう。超一流にはなれないが、頭の悪さをカバーするのは情熱と行動力だ。それだけは誰にも負けないという気持ちで、東京都に入庁した。

交通局を希望して、最初に配属されたのはバスの営業所。私は二つの営業所で四年間、隔勤《かっきん》勤務をしたが、同期で入局した十数名のうち、三分の一が途中で辞めてしまった。隔日ごとの二十四時間の交代勤務というわけで、拘束時間が長く、大変地味な仕事であるため、嫌気が差してしまうのである。

出勤日には九時に出社し、終車までを見届ける。深夜一時頃、ようやく宿舎の風呂に入り、午前四時頃まで仮眠。その後また朝の九時まで働いて、やっと勤務交代となる。

こういう生活も一、二年程度であれば我慢できるが、四年というのはあまりに長い。私も遂に嫌気が差して、他局にいた先輩に転職の相談に行った。するとその方がこう言われたのである。

「都庁で勤まらない奴が、民間へ行って勤まるわけがない。僕の経験からはっきり言うが、転職してどんどん上にのぼっていける人は、一割か二割しかいない。転職というと華やかに聞こえるが、八割方の人はだんだんだんだん悪くなっていく。これが転職の実態だ。だから**いまいる場所で、きちっと仕事をやりなさい。**それが嫌だから、よそで頑張りたいというのは通用しないよ」

私は、なるほどと思い、その日から心を入れ替えることにした。

そしていま振り返ってみると、このバス営業所時代の四年間こそが、都庁にいた中で最も勉強になり、自分の礎となった時期だった。現場の最前線で皆と汗まみれになりながら仕事ができたからである。

予備員として公休者の代行の仕事をやることになった私は、燃料係、事故係、操車《そうしゃ》係、切符係と、あらゆる現場の仕事に携わる。そして、運転手や車掌、車両整備員や用務員など、様々な人たちともかかわることになる。そういう中で揉《も》まれたことが、私にとってかけがえのない体験となった。

二十代の頃の私は、何か事あるごとに上の人間に突っ掛かり、先輩や上司に対しても随分と失礼な態度をとってきたように思う。

しかし下っ端《したっぱ》で、何の権限もない私の意見は一向に通らない。いくらこちらが正義感に燃えていようが、そんなことは関係なし。そこである時、私はこういう考えを持つことにした。

出世をしたいがために、僕は仕事をしない。仕事をするために出世をしよう——。

要するに、出世をしなければ、何の権限も得られない。よい仕事をするためには、それにふさわしい地位と権限がなければいけないのだ。でなければ、いくら正論を言ったところで、「あいつ、またバカなことを言ってやがる」と笑われてしまうのが、関《せき》の山なのである。

私の青春時代は挫折続きだったが、もし二十代の頃に心掛けるべきことがあるとすれば、「向こう傷を恐れず、血智汗涙《けっちかんるい》でやり抜く」である。向こう傷とは、すなわち失敗のこと。二十代は挫折や失敗の連続が当たり前で、それが二十代に許される特権でもある。だから**失敗を恐れず、挑戦せよ。恐れるべきは失**

敗から何も学び取らないことで、その失敗を分析し、次のステップとして生かしていけるかどうかが肝要なのである。

成功の心得

失敗を恐れていないか。
きょう一日何かチャレンジをしたか。

みやばた・きよつぐ　昭和10年大阪府生まれ。34年中央大学大学院法学研究科修了後、東京都入庁。総務局災害対策部長、交通局長を経て、平成6年東京都地下鉄建設専務就任。10年はとバス社長就任。14年退任後、16年まで同社特別顧問。

023

学校法人興南学園理事長

我喜屋　優

沖縄の興南高等学校硬式野球部を率い、甲子園で史上６校目の春夏連覇を果たした名将・我喜屋優氏。選手として指導者として歩んできた貴重な体験を交えながら、20代の歩み方について語っていただいた。

逆境は向かっていけば、友達になる

情熱は不可能を可能にする

昭和四十三年夏、興南《こうなん》高校野球部キャプテンとして臨んだ甲子園で、沖縄県勢初のベスト4を果たした私は、次の活躍の舞台を憧れの六大学野球に求めていました。しかし、経済的理由から断念せざるを得ず、お誘いをいただいた静岡県の大昭和《だいしょうわ》製紙に入社し、社会人野球の世界に入りました。

しかしレギュラーとの実力差は大きく、試合に出る機会はなかなか巡ってきませんでした。私は同期の仲間が飲みに行ったり、彼女とデートをしに行く中、脇目も振らずに野球に打ち込みました。四年後に入ってくる大学出の同期には負けたくないという意地もあり、人一倍練習し、体をつくるために人一倍食べ、野球がうまくなるためにやれることはすべてやりました。

「来年から北海道へ行ってくれ」

そう言われたのは、努力が実り、少しずつ試合に出場できるようになった三年目。人口僅か二万四千人の白老町にある大昭和製紙北海道への移籍を命じられたのです。三、四年向こうで実績を積み、また本社で頑張れと言われましたが、事実上の戦力外通告でした。

初めて訪れた北海道は、あまりにも寒く、とても人が住む所とは思えませんでした。グラウンドは雪が積もっているため、野球の練習も専《もっぱ》ら室内で限られたメニューだけをこなし、不完全燃焼のまま皆さっさと帰宅していくのでした。このままでは絶対に上には行けない……。絶望的な気持ちが胸を突き上げてきました。

北海道では本当にこの程度の練習しかできないのだろうか。ある晩、私は思い切って外で自主練習をしてみることにしました。ランニングをするとたちまち着込んだ上着を脱ぎ捨てるほど体が温まり、集中してバットを振れば汗がしたたり落ちました。練習の障害になっていた雪さえも、球にして投げれば肩の強化が可能になります。北海道は寒くて十分な練習ができないというのは、思い込みにすぎないことを私は確信しました。

野外での自主練習が功《こう》を奏《そう》し、私は半年でレギュラーの座を獲得しました。チームの意識も覚醒《かくせい》し、三年目には北海道代表として都市対抗野球に臨み、勢いに乗った私たちはそこでも勝利を重ね、見事全国優勝を果たすことができたのです。津軽《つがる》海峡を渡って北海道のチームが優勝旗を持ち帰ったのは初めてでした。人間より牛のほうが多い農道で、大きな優勝旗を掲げて行った凱旋《がいせん》パレードは、いまも地元で語りぐさになっています。

有力選手を揃《そろ》えた本社のチームがエリート軍団とすれば、我われ北海道のチームは辺《へん》境《きょう》に追いやられた雑草軍団。本社に負けてたまるかという強烈なライバル心に突き動かされての全国制覇でもありました。

たとえ環境的に恵まれなくても、情熱をもって打ち込めば不可能も可能にできることを私たちは証明したのです。昭和四十九年、二十四歳の時でした。

私はその後、コーチを経て平成元年に監督に就任しました。自分の体験を基に強固なチームづくりに取り組み、就任一年目から都市対抗野球で準優勝。そして四年連続で北海道代表の座を勝ち取るまでの強豪チームに育て上げることができたのです。

大昭和製紙の野球部に入部した時には、あまりの練習の厳しさにいつ辞めようか、いつ辞めようかと逃げ出す理由ばかり探していました。しかしある時、**嫌だ嫌だと思っていたら何もかも嫌になる。嫌なものに立ち向かっていこうと気持ちを切り替えてから自分の可能性が開けていった**のです。

北海道という過酷な環境も、マイナスに捉えたままでは決して優勝という快挙《かいきょ》は成し遂げられなかったでしょう。私は、逆境にめげることなく、逆境に立ち向かうことで全国優勝を果たすことができました。逆境は自分を育んでくれる宝。逆境は立ち向かえば友達になるというのが、体験を通じて確立された私の信念なのです。

成功の心得

逆境は自分を育んでくれる宝。
逆境と〝友達〟になる努力ができているか。

がきや・まさる　昭和25年沖縄県生まれ。43年夏の甲子園に興南高等学校野球部主将として県勢初の4強。大昭和製紙富士を経て、47年大昭和製紙北海道に移り、49年都市対抗野球で優勝。平成元年監督に就任し、4年連続で同大会出場。5年に休部し、クラブチーム「ヴィガしらおい」監督。19年興南高校監督就任。22年選抜初優勝。同年夏の甲子園で史上6校目となる春夏連覇を果たす。

024

桜井正光

リコー会長

バブル崩壊後、多くの日本企業が不良債権《さいけん》処理に追われる中、社長就任後に売上高を２倍の２兆円にまで増やし、リコーを国際企業に育て上げた桜井正光氏。氏の仕事の原点となった20代について語っていただいた。

仕事は上司から
与えられるものではなく、
自分で探し出すもの

仕事のない辛さを味わう

私がリコーに就職したのは一九六六年、オリンピック景気を最後に日本の高度経済成長期が終わり、「証券不況」という大きな不況の真っ只中だった。

そもそもなぜリコーを希望したかというと、私は小さい頃から「これはなぜ動くのか」とその構造が知りたくて、買ってもらったばかりのおもちゃの解体に熱中するような子供だった。その好奇心が高《こう》じて理工学部に進学。そして学生時代に熱中したのはカメラだった。必然的に就職先は製造業で、特にカメラを製造している企業を希望して、リコーに行き着いたのだ。

ところが、面接時に衝撃的なことを言われた。

「いまはほとんどカメラはやっていないよ。いまのうちの主力は複写機（コピー機）だ」

「？？？」

当時、複写といえばガリ版刷《ばんず》りで、私は複写機そのものがどんなものか分からなかったが、咄嗟《とっさ》に「複写機でもいいです」と答えた。

さらに「なぜこの時期にリコーなんだ？　うちは無配《むはい》だよ」と言われた。その瞬間、「無配」が何か思いつかず、「いや〝無敗〟は望むところです」と答えた。いま振り返ると、よく通ったものだと思う。

最初に配属されたのは原価管理課という部門だった。しかし、不況の真っ只中、会社も無配の状態である。上司に言われたのは「おまえたちにやる仕事はない」ということだった。最初こそ仕事がなくて楽だと思ったが、三か月も経つと何もする仕事がないというのはこんなに辛いものなのかと身に沁《し》みて感じた。他の部署の人たちが仕事をしていることへの焦り。また、もっと本質的な部分で、自分は会社や社会に何も貢献できていないという「役割」のなさへの焦りがあった。

後々振り返って、社会人のスタート段階で「仕事があるありがたさ」「する仕事のない辛さ」を体感できたのは幸せだったと思う。

さて、そこで私は「こうなったら、自分で仕事を探そう」と決意した。原価管理課は、製品の原価を計算し、コストダウンを提案して実践する部署だった。提案は誰に対して行うのか、我われの提案を利用する人たちにとってそれは十分な情報かどうか、もっと欲しい情報はないのか、ヒアリングに向かったのである。

提案の利用者は、開発、設計、生産部門だから、各部署を回ってみると次第に自分がすべき仕事が見えてきた。

複写機を取ってみても、いくつもの製品があり、それぞれの製品間で部品が類似しながらも微妙に違うものを使っていることに気がついた。「本当に違う必要があるのか」「コストアップの原因になってはいないか」……。

いまならコンピュータで類似部品一覧を管理しているだろうが、あの当時、技術や設計の人間は手間隙《てまひま》かかる類似部品のリスト化に手をつけていなかった。

私は五か月間、倉庫にこもって部品図面を種類ごとに分類。材質や形状、原価などを加えたリストを作成し、設計部署に渡した。その後、改善したほうがいい部分を指摘してもらい、どんどんブラッシュアップしていった。

すると、現場は「部品を探す手間が省けた」と重宝してくれる一方で、同じような形状であれば一番安い部品を選ぶようになり、大きなコストダウンに繋がったのである。

この経験から私が若い人たちに伝えたいことは、

「仕事は上司から与えられるものではなく、自分で探し出すもの」

ということだ。**自分の仕事のアウトプットを利用するお客様は誰なのかを考え、その人たちの役に立つことを探して実行すれば、必ず成果となって現れる。**

すなわち、それは自主自立、自己責任の全うということであり、いま日本全体で最も求められていることではないだろうか。

成功の心得

自分の仕事のお客様は誰か。
そのお客様の役に立つことができているか。

さくらい・まさみつ　昭和17年東京都生まれ。41年早稲田大学第一理工学部卒業後、リコー入社。平成4年取締役、6年常務取締役、8年社長就任。19年会長。同年経済同友会代表幹事に就任し、23年4月まで務めた。29年同社を退任。

025

俳優

大地康雄

“和製ジャック・ニコルソン”の異名を取る俳優・大地康雄氏。その圧倒的な演技力で数々のドラマや映画に出演している。売れない苦悩の20代を経て、35歳の時に『マルサの女』でブレイクを果たした。氏はどんな修業時代を過ごしたのか。

腕を磨いて、時を待て

どんな人間にもチャンスは平等にやってくる

二十三歳の時にデビューを果たしてから約五十年が経つ。長い間、俳優としてやってきたわけだが、振り返ってみれば目に見えない何か大きな力によって導かれてきたというのが偽《いつわ》らざる実感である。

劇団に入ってからは、俳優修業とアルバイトの二重生活が延々《えんえん》と続いた。三十か所以上の芸能プロダクションを飛び込みで回ったが、悉《ことごと》く惨敗《ざんぱい》。そんな時、友人からガラス磨きのアルバイトを紹介してもらった。五反田近辺を歩いていると「伊藤雄之助」と書かれた表札が私の目に飛び込んできた。黒澤明監督作品に数多く出演していた名優・伊藤雄之助の自宅を偶然見つけたのである。私はすぐに弟子入りを懇願《こんがん》したが「うちはもう弟子を取らないことにしているから諦めなさい」と奥様に一蹴《いっしゅう》された。その言葉にむしろ私は燃え立った。それから何度も自宅に通い詰めガラス磨きをしながらチャンスを窺っていた。

そして八回目の訪問、遂に伊藤先生が奥から出ていらした。

「君はしつこく来ているらしいけど、誰かの紹介か？」

「いえ、違います。僕は石垣島から出てきて、俳優になりたくてもコネがないもんですから、こうしてお邪魔させてもらっています」

するとと先生は私の目をじっとご覧になって、こうおっしゃった。

「明日から来てみるか」

こうして二十二歳の時に弟子入りを果たし、翌日から厳しい修業生活が始まった。早く有名になって稼ぎたいという私の野心を見抜かれたのだろう。入門数か月後に、先生がこんな言葉を掛けてくださったことがある。

「人間の弱さ、愚かさ、悲しさ、醜さを全部表現できるのが一流の俳優だ。そういう本物の俳優になって初めて、地位や名誉、金はついてくる。順番を間違えるな!」

頭を殴られたかのような衝撃だった。それから私は本物の演技とは何か、どうすればそういう演技ができるのかを常に考えるようになった。

そんな私に転機が訪れたのは、二十六歳の時のこと。所属事務所から「木下恵介監督が大作に取り組んでいて、犯人役を探している。大至急、松竹の大船撮影所へ行ってくれ」と連絡が入った。監督は現場に駆けつけた私の顔を見るや、「君で行こう」と即決された。迎えた本番当日。「よーい、スタート!」。私はプレッシャーを感じながらも、全身全力で演じ切った。「カット！」。そこから五分間、沈黙が続いた。ＯＫなのか、撮り直しなのか、分からない。

すると、助監督が刑事役のベテラン俳優さんのところに来て、こう言った。

「すみません。木下がこのシーンはもうこれでお終《しま》いにしたいって言ってるんです」

結局、私のワンカットをすべて使うことになったのである。

「もしかしたら俳優としてやっていけるかもしれない」

修業時代から積み重ねてきた努力に少しばかり日が射した瞬間だったように思う。

二十代の体験をとおして、いま私がお伝えしたいのは、**「寄り道しても、回り道してもいいから自分が打ち込める何かを見つけてほしい」**ということである。たとえそれが最終的な仕事に結びつかなくても手を抜かずに一所懸命やる。そこで得たものは、必ず後になって生かされてくるからだ。

また、近年はインターネットやメールの普及によって、お風呂に入る時も、歩いている時も携帯電話を操作している若者が多い。仲間意識を持つことは大事なことだが、仕事の技術にしろ、人間力にしろ、本当に力がつくのは孤独の時である。

「腕を磨いて、時を待て」

これは売れなかった時期に伊藤先生からいただいた言葉である。

どんな人間にもチャンスは平等にやってくる。しかし、そのチャンスを掴めるかどうかは、普段の努力次第。必死の努力は絶対どこかで誰かが見ているものである。その時がいつか来ることを信じて、普段から自分を磨き続けていただきたい。

成功の心得

いつチャンスが来てもいいように
自分を磨き続けているか。

だいち・やすお　昭和26年熊本県生まれ。50年俳優デビュー。62年映画『マルサの女』で圧倒的な演技力を印象付け、以後、日本アカデミー賞助演男優賞、アジア太平洋映画祭主演男優賞などを受賞。平成25年映画『じんじん』で企画・主演を務めるなど、映画制作への情熱も高い。

第四章

成長の原理

026

大橋洋治

ANAホールディングス相談役

アメリカ同時多発テロやＳＡＲＳ《サーズ》の世界的流行という逆境の只中で、経営トップとして全日本空輸の復配《ふくはい》を果たし、Ｖ字回復を遂げた大橋洋治氏。いまなお世界各地を飛び回り、夢を追い続けている大橋氏の二十代の歩み、その波瀾万丈の人生に迫った。

失敗してもいいから、
自分に嘘をつくことなく、
これだと信じたことを
一所懸命やり抜く。
その先に人間としての成長がある

失敗の連続だった下積み時代

「太平洋を治《おさ》めるような大きなことを成し遂げる人物になってもらいたい」

満洲の地で雑貨の貿易会社を経営していた父はそのような願いを込めて、私に「洋治《ようじ》」という名前を授けてくれた。

いつの頃からか、私はその名前のとおり、大きな夢を抱き、その大きな夢に向かって挑戦し続けることを心に留めて生きていくようになった。

私が新卒で全日本空輸（全日空）に入社したのは、東京オリンピックが開催され、日本全体が滾《たぎ》っていた一九六四年のこと。いまでこそ全日空は日本航空と並んで日本を代表する航空会社になっているが、当時は日航の存在が巨大過ぎて、足元にも及ばなかった。

東京、大阪、福岡、札幌の主要都市を結ぶ国内幹線には一、二便しか入れず、国際線を飛ばすことなど夢のまた夢だった。入社間もない頃にできた社歌には「世界をまたぐ全日空」という歌詞があり、私はその言葉を信じて、いつかは国際線を飛ばそう、日航に追いつき追い越そうと、大きな夢に心を熱く燃やしていた。

最初の配属先は補給部調達課で、乾電池や釘《くぎ》、油で汚れた機械を拭くのに使用するウエス（木綿布）などの買い付けを担当する仕事に携わった。毎日朝早くから夜遅くまで働き、忙しい時は会社の事務所で寝泊まりすることもしばしば。残業も長時間に及んだ。

私はその部署に一九七〇年の夏まで六年間在籍していた。ゆえに私の二十代はまさしく下積み時代だったと言える。

その頃の働きぶりを振り返ってみると、とにかく失敗ばかりしていつも怖い上司に怒られていたように思う。

失敗した話を挙げれば、本当にきりがないのだが、ここでは一つだけ紹介したい。入社二、三年目のこと。当時はメールなどなく、発注は電話で行うのが主流だった。ある時、私が「ボルトをテン（十個）ください」と伝えたところ、後日大量のボルトが送られてきた。私が英語に疎いことを知っていた先方の担当者は、「大橋さんが英語を喋るはずがない」と思ったのだろう。「テン」を「千」と聞き違えたのである。

なぜ「十」と言わずに「テン」と言ってしまったのか。いまとなっては知る由《よし》もないが、上司からいたく怒られたことだけはよく覚えている。

このような失敗を繰り返していたが、仕事が面白くないとか辞めようと思ったことは一度もない。**仕事というのは本来楽しいものであるし、どんなに大変な仕事であろうともそこに意義や価値を見出し、「面白い」「楽しい」と思って取り組まなければ何も得られない。**そういうバイタリティを持つことこそ、人生を豊饒《ほうじょう》に導く最たるものではないだろうか。

私が携わっている空の仕事には、晴天の日のフライトもあれば雨の日のフライトもある。それと同じように、人生の旅路においても、調子のいい時と逆境の時があるだろう。一つ壁を乗り越えると、より大きな壁がまた立ちはだかる。人生というのはその繰り返しに他ならない。

ゆえに大事なことは、失敗を恐れないことである。

いまの若い人たちは私の時代と比べてとても真面目である半面、大人しく、リスクを背負って挑戦しようとしない。つまり、失敗しない人が多いように思う。

私はいま、若い人たちが仕事で失敗しても全く怒らない。むしろ、「もっと失敗しろ」「それだけしか失敗しないのか。そういう人間は信用できない」と発破《はっぱ》を掛ける。失敗してもいいから、自分に嘘をつくことなく、これだと信じたことを一所懸命やり抜く。その先に人間としての成長がある——。
これは五十年以上にわたるビジネス人生を通じての実感である。

成功の心得

自分に嘘をつかず、
信じたことをやり抜く覚悟を持っているか。

おおはし・ようじ　昭和15年満洲（現・中国黒竜江省）生まれ。39年慶應義塾大学法学部卒業後、全日本空輸入社。ニューヨーク支店長、常務取締役人事勤労本部長、販売本部長、副社長などを経て、平成13年社長就任。17年会長。27年より相談役。

大橋洋治

027

石渡美奈

ホッピービバレッジ社長

平成22年に創業100周年を迎えた「ホッピー」3代目として、会社を大きく発展・成長させた石渡美奈氏。順風満帆とは真逆の人生体験をとおして摑んだ20代の歩みについてお話しいただいた。

九十九回ノックして、
本当はあと一回ノックすれば
扉が開くのに、
その一歩手前で諦めてしまうのは
もったいない

躓くのは成長の証し

私にとっての二十代、それは自分がどう生きればよいのかに悩み、そして壁にぶち当たってばかりの時代でした。

「躓《つまず》くのは歩いている証拠」

これは以前、尊敬する先生からいただいた言葉ですが、人生において躓くのは歩いている証拠、つまり躓くということは成長している証拠だというのです。

だからどんどん躓きなさい、ただし転ぶ時は前向きに、後ろ向きには転ぶな、とも教えていただきました。

私の二十代はまさに躓きの連続でしたが、いまにして思うことは、何一つ無駄な経験はなかったということでしょう。

例えば、大手食品メーカーで働いた三年間、私は当時花形部署といわれる人事部に配属されたのですが、そこの女性の上司が教育にもの凄く厳しい方でした。箸《はし》の上げ下げから叩き直されて、とにかく毎日が窮屈《きゅうくつ》で仕方がありません。

ところがそれから二十年近くを経て自ら社員を教育する立場になると、かつての教育が至極真《ま》っ当《とう》だったことに気づかされます。

現在、新卒採用、社員育成を我が社の生命線と位置づけていますが、怒られてばかりいた私の三年間が役に立っていることを実感せずにはいられません。

また、昭和二十三年に誕生した「ホッピー」ですが、発売五十年を過ぎたあたりから、ブランドとして確立させていく新たなフェーズを迎えていました。折しも、広告代理店で三年間アルバイトしていたため、ここでも自らの経験を生かすことができたと感じています。

そして、お嬢様育ちで鼻持ちならなかった私が、再就職しようとした際に味わった挫折感、そして自分は役に立たない人間かもしれないという孤独感。その一つひとつの体験が、社会人として、ひいては経営者として独り立ちする上で大事な基礎となりました。

よく母が笑いながら、私くらい過去の経験や出会いを活用している人間はいないと言います。意図して歩んだ道ではありませんでしたが、自分の経験を踏まえて若い社員に伝えられることは、**どんな経験も無駄な経験はない、必ず生きてくることがある、**ということです。

最近社内に新卒で採用した若い人が増えたことから、その行動を観察しているのですが、**伸びる子というのは、概《がい》して音《ね》を上げない、そして「よい意味」で悩んでいる**ということです。石の上にも三年とはよく言ったもので、下積みの三年間、理不尽なことがあっても、ぐっと歯を食いしばって頑張れるかどうかが大切です。

表現を変えれば、わき目もふらず無我夢中に仕事ができるかどうかにあり、成果うんぬんの前に、与えられた仕事に夢中になって頑張れる人は、本当に強い子だと思います。

もう駄目だと音を上げてしまう子がいる一方で、涙を流して悔しがりながら、それでも頑張れる子もいます。

九十九回ノックして、本当はあと一回ノックすれば扉が開くのに、その一歩手前で諦めてしまうのは本当にもったいないことです。ことに若い時分《じぶん》は自分の理解を超えるような大小様々な壁が次々と目の前に現れると思いますが、行く手を阻《はば》む扉が開くまで決して諦めることなくノックし続けてほしいと思います。

そしていくつもの壁を乗り越えた先にある成長実感を、一人でも多くの方に摑んでほしいと思います。

成功の心得

何があっても歯を食いしばって頑張っているか。
わき目も振らず、無我夢中に仕事をしているか。

いしわたり・みな　昭和43年東京都生まれ。平成2年立教大学卒業後、大手食品メーカー入社、人事部に勤務。広告代理店のアルバイトを経て、9年ホッピービバレッジ入社。15年副社長、22年より社長。

028

比屋根 毅

エーデルワイス会長

創業50周年を迎えた洋菓子メーカー・エーデルワイス。創業者は、スイーツ界の父と呼ばれる比屋根毅氏。15歳の時に故郷の石垣島を離れ、裸一貫《いっかん》から洋菓子職人としての腕を磨き、29歳で独立を果たした氏が、20代に培った職人魂、人生成功の秘訣とは——。

厳しさの中にこそ成長がある

まず体を鍛えろ。技術はその次だ

「魂を込めてつくらないと、生きた作品にはならないよ」

私が最初に勤めたナイス食品の社長はしょっちゅう言っていた。少しでも手抜きをしたら、それ以上は教えてくれない。厳しくも偉大な師匠のもと、日本一の洋菓子職人になるという大きな目標を立てた。

朝は誰よりも早く起きてお店のオーブンに火を入れ、先輩たちが来たらすぐ仕事ができるように準備を整える。夜は皆が帰った後、一人でお店の掃除をし、先輩たちの汚れた白衣やエプロンを洗う。当時のエプロンは力士のまわしのように分厚かった。真冬でもパンツ一丁になり、一時間ほどかけてすべて綺麗に洗い終えると、清々しい気持ちになるだけでなく、体も鍛えられる。まさに一石二鳥との思いで、人知れず下働きに徹した。

仕事を終えて夜遅く家に帰ってくると、今度はそこからお菓子の勉強が始まる。デパートで買ってきた玩具や人形を模倣《もほう》してお菓子をつくったり、デコレーションのデザインを描いたり、お菓子に関する洋書を自ら訳して読んだりしながら、そのまま机の上に突っ伏して寝てしまう。それが日常茶飯事だった。月一回の休みは、菓子屋や美術館巡りをして感性を研《と》ぎ澄ませ、創作のヒントを探った。

四年間そういう姿勢で取り組んだ結果、洋菓子コンテストで何度も優勝するようになり、二十歳で大賀製菓に洋菓子部門のリーダーとして招聘《しょうへい》された。入社に際し、閑散期《かんさんき》の七月から九月までの三か月間、全国各地の名店で修業することを認めてもらった。その間、大賀製菓からも修業先からも給料は貰《もら》えない。家賃の要らない倉庫の上に寝泊まりし、睡眠は毎日二〜三時間で、人が休んでいる間もお菓子づくりの技術を必死に吸収した。

あえて厳しいところに身を投じ、がむしゃらに勉強したことによってお菓子づくりの技術やセンスを養うことができ、精神的にも強くなったのだと思う。

大賀製菓ではお菓子づくりはもちろん、十人ほどの部下の育成にも当たった。比屋根家の先祖は琉球《りゅうきゅう》王朝に仕えた武道家であり、故郷の石垣島は空手が盛んだったため、私は六歳の時から空手の手ほどきを受け、武道精神を叩き込まれた。ゆえに、部下に対しては、「まず体を鍛えろ。技術はその次だ」と言い、仕事が終わると近所の公園に行って皆に空手を教えた。汗をかいた後は銭湯《せんとう》に入り、私の住むアパートですき焼きなどを食べる。そうすることで兄弟以上の結束力が生まれ、数々の菓子コンテストで賞を独占していった。

余談だが、その頃の習慣はずっと続いており、いまも毎朝二時間の運動をしてから出勤している。最近ある事情があって、四～五日だけ休んだところ、それまでごく自然にこなしていた腹筋百回や開脚ストレッチができなくなってしまった。これには大変驚くとともに、日々の積み重ねがいかに大事であるかを思い知った。

たとえどんなことがあっても休まず続ける。自分に嘘をつかない。耐えて、耐えて、耐え忍《しの》ぶことによって、神様からのご褒美をいただけるのではないだろうか。


二十代を生きる上で大切な要素はたくさんあるが、特にお伝えしたいのは「時間を意識する」こと。**明日もあると思って逃げたら絶対にダメ。きょうしかない、いましかない、このチャンスを逃したらもう後がない。**そうやって自分自身を追い込みながら、常にプレッシャーと闘っていると、不思議なくらいに物事は好転していく。

「厳しさの中にこそ成長がある」

これは私がいつも社員に伝えている言葉だ。何回も何回も壁にぶつかりながら、それを乗り越えた時に本当の道が開ける。そして、簡単に破れる壁ではなく、その壁が厚ければ厚いほど、大きな喜びや成長があると思う。だからこそ、大きな夢を持ち、困難や逆境に直面しても、「この世の中に不可能はないんだ」という精神で、諦めずにチャレンジしていただきたい。

成功の心得

「きょうしかない、いましかない」と自分自身を追い込んでいるか。

ひやね・つよし　昭和12年沖縄県生まれ。41年兵庫県尼崎市でエーデルワイスを創業し、平成14年より会長。現在はアンテノール、ル ビアン、ヴィタメールなど7つのブランドを展開している。

029

作家

童門冬二

『小説上杉鷹山《ようざん》』や『異説新撰組』など、数々のベストセラー歴史小説を世に送り出している作家・童門冬二氏。いまなお旺盛な執筆活動を続ける氏はどういう20代を送ってきたのか。その人生の原点についてお話しいただいた。

自分の心の三畳間を持て

お粥ではなく、握り飯の米粒であってほしい

私の創作活動の根底にあるのは「人を喜ばせたい」という一念である。その核となる信念を醸成させることができたのは目黒区役所で汗水流して働いていた二十代の頃だった。その頃、私は人生の師といえる二人の上司と出逢ったが、その二人の師とともに私を支えてくれたのが書物だった。いまもそうだが、当時から本に対する飢えがもの凄くあり、無我夢中で本を読み漁《あさ》っていた。

ところが、当時はお金がない上に、計画停電の世の中で、夜八時になると電気が全部消えてしまう。そこで私は仕事が終わると地元の祐天寺《ゆうてんじ》駅に向かった。駅は終電まで電力の配給があるため、構内の電気がついている。また、駅前の闇市には古本屋が一軒入っており、そこの店主が勉強熱心な私に目をかけてくれ、様々な本を借りて読むことができた。そうやって私は毎晩、電気が消えるまで読書に明け暮れていた。

中でも、一番大きな影響を受けたのが太宰治《だざいおさむ》である。まだ仕事や急な社会の変化に不信を抱きつつも何かを求めてやまなかった時、たまたま手に取った太宰治の本を読んでい

ると、

「かれは人を喜ばせるのが、何よりも好きであった」

という僅か一行の言葉が目に飛び込んできた。それ以来、私は太宰治に深く心酔《しんすい》するようになり、この言葉はいまでも己を貫く信条となっている。

また、この頃読んだ本の中で、もう一つ印象深いのはフランスの思想家・モンテーニュの『エセー』という作品に出てくる、

「人間は誰でも自分の心の三畳間《さんじょうま》を持つべきだ」

という言葉である。人間は周りに邪魔されることなく、たった一人になってじっと物事を考えることのできる場を持たなければならない、とモンテーニュは言う。

そういう意味では、私は読書をすることによって自分の三畳間というものを確立していったと言えるだろう。

それは小説家となったいまも変わらない。

これまで歩いてきた道を振り返ると、**「人生は起承転転」**だというのが実感である。私自身、下積みの二十代を経て、三十歳の時に課長試験に合格。都庁勤務となってからは都

知事の美濃部《みのべ》亮吉《りょうきち》さんの側近《そっきん》として広報室長や企画調整局長などを務め、その経験をベースに、いま歴史小説を通してリーダーの心得や組織のあり方を描いている。まさに「転」の連続だと言えよう。

その経験もあって、私は企業の新人研修で講演を頼まれることがしばしばあるが、その時にいつも言っているのは、

「お粥《かゆ》ではなく、握《にぎ》り飯の米粒であってほしい」

ということだ。組織の中でドロドロに煮られてしまって、自分というものを失ってはいけない。だからといって、自分勝手に好きなことをするというのは違う。握り飯の米粒とは、組織の一員であるという自覚を持ちつつ、主体性を発揮していくということである。

それはつまり、「あれをやってみたい」「こういう人間になりたい」という自分の信念を持つことだ。そのためには、いろいろな本を読んだり、人から話を聞いたりして、手探りで生きる時期が必要だろう。

ところが、ここ数年研修で若い人を見ていると、管理職を目指そうとせずに安定を求める者や課長クラスまでいっても自ら降りていってしまう者が多く見受けられる。

私はそういう人たちに対して、**「上昇志向を捨てるな」**と声を大にして言いたい。何かチャ

ンスや社会的立場を与えられた時に、恐れずに挑戦していってほしいと思っている。当然新しいことをやる場合には失敗はつきものだが、そこで諦めず修練し続けていく先に、思いもよらない未来が待っている。

成功の心得

上昇志向を持っているか。
恐れずに挑戦をしているか。

どうもん・ふゆじ　昭和2年東京都生まれ。東京都庁にて広報室長、企画調整局長を歴任後、54年に退職。本格的な作家活動に入る。第43回芥川賞候補。

030

清原當博

ホテルオークラ東京会長

日本のホテル御三家の一つと称されるホテルオークラ東京。出世街道《かいどう》とは言い難い配属先でスタートを切り、そこから同ホテルの社長兼総支配人にまで上り詰めた清原當博氏に、下積み修行を積んだ20代を振り返っていただいた。

仕事の準備に「これだけやればいい」という終着点はない

困難から逃げず、いかに勇敢に闘うか

社会人になりたての頃は、職業に対して無知であるがゆえに、壁にぶち当たることがたくさんあるだろう。その時、逃げるのではなく、いかに勇敢に闘っていくかが重要なのだと思う。

実際、私はウエイターがサイドテーブルに下げた食器やグラスを洗い場まで持っていくバスボーイという過酷な仕事に真正面からぶつかっていったことで、一年半の下積みを経て、ウエイターに昇格。そこからデミシェフウエイター、シェフウエイターと、階段を駆け上がっていった。そして二十七歳の時、レストランから大宴会場へと異動になった。

大宴会場は一回のパーティーで数千万円ものお金が動く、ホテルにとっての重要な稼ぎ頭《がしら》。そこへの配属は小宴会場での経験を三、四年積んでから、というのがセオリーなのだが、私はありがたいことに最初から大宴会場に配属されたのである。数千人を収容できる大宴会場ともなると正社員は限られ、スタッフの大半は臨時員で構成される。彼らは宴会スタート数時間前にならないと揃わないため、朝出勤すれば仲間がたくさんいるレストランとは異なり、大宴会場は非常に孤独な職場だった。

この時、当時の料飲部長で後に副社長を務めた橋本保雄《やすお》さんから貴《とうと》いご指導をいただいた。あれは忘れもしない、館内最大の宴会場「平安の間」のキャプテンを任されていた二十八歳の時だった。

翌日に大きな宴会を控えたある冬の日、私は準備のために、舞台設営等の搬入を夜通し行っていた。搬入《はんにゅう》を終えたのは明け方の三時頃。翌朝九時に会の幹事の方がお越しになる予定だった。寒い上に寝る場所もなかったため、私は仕方なく会場裏のバックスペースで数時間ばかり仮眠を取った。

翌朝、私は七時頃に再び会場に入った。疲れと眠気が抜けずぼーっとしていたところに、たまたま橋本さんがお見えになった。私は「昨日はご苦労さん」と温かい言葉を掛けてくださることを期待していたが、橋本さんは私の顔を見るなり、こうおっしゃった。

「おまえ、ここで何やってるんだ」

「いや、だいたいスタンバイ終わりましたので……」

「幹事が来るまであと二時間もあるだろう。現場のキャプテンとしてやることはいっぱいあるはずだ。こんなところでボケっとしてるんじゃない」

その瞬間、私は頭を殴られたかのような衝撃を受けた。

仕事の準備に「これだけやればいい」という終着点はない。お客様がいらっしゃるまでは徹底的に時間を有効に使って、**「これでもか、これでもか」と、どこまでも追求していくのが一流のプロ**である。そういう仕事の厳しさに気づかせていただいた。

最近、新入社員や若手社員向けの研修をやっていると、「もう辞めたいです」「憧れていたホテルとは違いました」「もう一人の自分がいて、やりたいことは美容師です」といった声を聞くことがしばしばある。私はそういう社員に対して、次のような話をしている。

「君たちはいま四十二・一九五キロのフルマラソンのスタートを切ったばかり。入社一年目なら一キロ、三年目なら三キロしか走っていない。マラソンでは約五キロから給水ポイントが現れ、約二十二キロ地点からバナナやチョコなどの栄養補給ができるようになっている。それらの褒美を味わってみて、どうしても走りたくなければ辞めればいい。ちょっと走っただけで、音をあげているようでは、結局どこの業界に行っても同じである。だから、初志貫徹《しょしかんてつ》で十年間は我慢してやってみなさい」

いま現在、意のままにならず苦悩しながら仕事をしている人は多いと思う。悶々とする気持ちは大いに分かるけれども、そういう場面であればあるほど、**自分の我をゼロにして、目の前の仕事と一体になる。**そして大きな野望を抱き続けていけば、道は必ず拓け、人生のフルマラソンを完走することができるのだ。

成功の心得

我をゼロにできているか。
目の前の仕事と一体になれているか。

きよはら・まさひろ　昭和24年東京都生まれ。46年学習院大学卒業後、大成観光（現・ホテルオークラ）入社。京都ホテル取締役、京都ホテルオークラ総支配人などを歴任し、平成21年ホテルオークラ東京社長兼総支配人就任。26年6月より会長。

031

津田 晃

野村證券元専務

夢や希望が広がる半面、不安や悩みも抱きがちな20代。野村證券で営業の鑑《かがみ》と謳われ、当時最年少で役員に抜擢された津田晃氏も、かつては仕事に悩む一人の青年であった。氏はいかにして仕事の壁を突破し、人生を切り開いてきたのか。

自分の指を嘗《な》めて
それが乾くまでの間でいい。
一日を振り返って反省する
心のゆとりを持て

「人生は、踏み切る、割り切る、思い切るの三切るだ」

野村證券入社後の最初の仕事は、イメージしていた顧客の資産管理の仕事とは大きく異なっていた。研修が終わるや分厚い高額所得者名簿と商工名鑑を渡され、これを見て自分でお客様を探してこいと命じられれショックを受けた。案の定《じょう》、訪問先では「証券会社なんて縁起が悪い」などと罵《ののし》られ、塩を撒《ま》かれたり、名刺を目の前で破られたりと散々な目に遭った。大変なところに入ってしまった……。悩んで入社を勧めてくれた教授のもとへ相談に行った。その時いただいた言葉はいまも心に残っている。

「人生は、踏み切る、割り切る、思い切るの三切るだ。踏み切ったらまずは割り切って一所懸命やってみなさい。それでダメなら思い切ればいいじゃないか。君は踏み切ったばかりでもう思い切ろうとしているが、それはまだ早い。もうしばらく割り切って続けてみるべきだ」

私は原点に返って仕事に打ち込むことにした。運がよかったのは、配属された支店にしばらく新人が入らなかったため、先輩方から随分かわいがられたことだ。

当時の野村證券はダイヤモンド経営というのを標榜《ひょうぼう》していた。ダイヤモンドが様々な角度からカットされ、たくさんの断面を持つからこそ美しい光彩を放つように、野村證券にも個性豊かな人材が集まっていた。先輩方に心を開いて教えを請《こ》うと、いろいろな角度からアドバイスをもらうことができ非常に勉強になった。

ある時先輩から、株や債券の営業をするからには『会社四季報《しきほう》』くらいは覚えていけと言われた。当時でも二千数百社くらいのデータが収録されており、とにかく分厚い。私は毎日三枚（六ページ）、十二銘柄ずつカミソリで切り取り、通勤電車の中で懸命に覚えた。三か月で読み切ると新しいものを買ってまた一から読み返し、一年で大体頭に叩き込んだ。併《あわ》せて相場の本も多数読み、専門知識の習得に努めた。

勉強が進むにつれ、お客様から聞かれたことに対してほぼ的確なアドバイスができるようになり、「よく知っているな」と褒めていただくことも多くなった。しっかり準備して臨むとそれが自信に繋がることを実感した。

ある上場企業の社長は、いくら足を運んでもなかなか面会の機会をいただけなかった。その日も面会を断られて辞去《じきょ》しようとすると、秘書の方が「津田さん、いつも申し訳ございません」と声を掛けてくださったのだ。この方は私の味方だと直感し、菓子折《かしおり》を持参して改めてお礼にうかがった。その時に「これを毎日社長様の机に置いていただけませんか」と私の名刺の束を渡しておいた。彼女はそれを忠実に実行してくださり、ある日とうとう面会の許可が下りたのである。その時は、日頃から準備していた地元企業に関する情報を提案して気に入られ、以来親しくお付き合いいただけるようになった。

その社長からある時、いつもバタバタと走り回っていることをたしなめられ、「自分の指を嘗めてそれが乾くまでの間でいいから、一日を振り返って反省する心のゆとりを持たなければダメだ」と諭《さと》された。

私は行く先々でそうした貴重なアドバイスをいただいた。私がいまあるのは、そうした一つひとつの教えのおかげであり、皆様にはいまでも深く感謝している。

私の義父は丁稚奉公《でっちぼうこう》から叩き上げて青果《せいか》業で成功を収め、群馬県の業界理事長まで務めた人物だった。義父と酒を飲むと、いつも壊れたテープレコーダーのごとく**「上見て励め、下見て暮らせ」**と繰り返し言い聞かされた。理想を高く掲げ、辛い時には自分より苦しい立場の人を思って気持ちを切り替え、頑張ってほしいとの願いであった。その後決まって言われたのが次の言葉だった。

「励みこそ生きる道。怠りこそは死の道なり。勤《いそ》しみ励む者は死することなく、怠りに耽《ふけ》

る者はよし命ありとも既《すで》に死せるなり」

二十代の若い方々にぜひ知っていただきたい言葉であるとともに、私自身も改めて心に刻み、これからもさらに前進し続けたい。

成功の心得

「踏み切る、割り切る、思い切る」
三つの覚悟ができているか。

つだ・あきら　昭和19年福井県生まれ。早稲田大学商学部卒業後、野村證券入社。62年43歳という異例の若さで取締役大阪支店長に抜擢。平成8年専務。11年日本合同ファイナンス副社長。14年野村インベスター・リレーションズ会長。17年日本ベンチャーキャピタル社長。21年同社顧問。現在、西島製作所、宝印刷の社外取締役を務める。

津田 晃

032

斉須政雄

「コート・ドール」オーナーシェフ

日本のフレンチレストランの最高峰「コート・ドール」のオーナーシェフとして活躍を続ける斉須政雄氏。だが、若い頃は自己嫌悪と挫折感に苛《さいな》まれる日々だったという。そんな自分自身と決別すべく単身渡仏《とふつ》し、料理人としての技と精神を磨いた修業時代を振り返っていただいた。

夢は全力の
向こう側にしかない

全力を尽くさない人は夢に至らない

東京でフランス料理店「コート・ドール」を開いて二十六年（平成二十四年取材当時）。小中学校の同級生には、私が料理人という職業人になっていることが納得し難いらしく、「本当にあの時の斉須か？」と怪訝《けげん》そうに尋ねられる。当時の私はそう言われても仕方がないほど、周りに流されがちの優柔不断な少年で、常に自己嫌悪や挫折感に苛まれていた。

甘い物が好きだという単純な理由で料理の世界に入ったものの、最初のうちは何が何やら分からない。先輩方から集中砲火《ほうか》を浴びるが、怒られている意味さえ分からず、常に喉《のど》がカラカラの状態だった。しかしいつまでもこの壁の前で立ち尽くしているわけにはいかない。何とか状況を打破したいと起死回生《きしかいせい》を懸けたのがフランスへ行くという決断だった。

フランスに着いた日の翌朝から四年半は、いつ寝ていつ起きていたのかもよく覚えていない。特に最初の二年間は国民性と習慣の違いに戸惑い、苛立《いらだ》ちやら悔しさ、情けなさやらでほぼノイローゼ状態だった。会話一つとっても、結論から先に述べる、否定形でものを尋ねられるといった違いに頭が混乱し、それに馴染《なじ》むまでに相当な時間と労力を要した。

また、日本にいた時はフランス人は怠慢でいい加減な印象があったが、私の職場に関しては違った。仕事を終えて帰宅するのは深夜十二時過ぎ。白衣を着たまま眠りに就き、午前二時には買い出しに行かなければいけない。ついさっき寝たと思ったら、ドンドンドンッ！　と激しくドアをノックする音で叩き起こされるなど、基礎体力の違いには愕然とした。

この激務に耐えることができたのは、食生活の変化によるところが大きい。肉食が中心になるとエネルギーが充満してアグレッシブになり、自分でも制御が利かなくなる。日本にいる時は考えられなかったが、気質そのものが変化し、頭で考えるよりも先に手が出てしまう自分がいた。六十五キロだった体重も、筋肉がつき七十八キロになっていた。

二十代で求められるのは、まず「体力」である。体力はその人が健康であるという以外にも、周りにいる知恵や手を貸してくれる人を誘い込む力を持っている。本人は意識せずとも、その力がお客様や業者の方、仲間たちに及ぼしている影響は非常に大きい。その体力を元に、「基礎と反復」を徹底して行うことが大切だと思う。

私がフランス行きを決意したのは二十三歳の時。なんの情報も人脈もなく、あるのは若さと自分を変えたいという思いだけだった。しかし無知であったからこそ、あの過酷な環境の中へ飛び込めたのだとも思う。

四、五十代になると社会的にも認知されて皆それなりの評価を受けるが、二十代はまだ水面下にいる状態。この時期に深く悩み、多くの抵抗を受けてきた人のほうが、水の上に出た時に力強く泳ぎ回れる気がする。

そういう愚直な一徹《いってつ》さとともに、伸びてくる人は、何によらず旺盛《おうせい》な好奇心を持っている。「いま何やってるんですか?」「あの方は誰ですか?」と疑問を持ち、それを素直に聞いてくる人。

上司からの叱責《しっせき》にも素直に耳を傾けることができる。失敗をした時は「バカモノッ!」と言ってもらえるような関係。頭ごなしに叱りつけても、この子は絶対についてくるなという安心感のある間柄が大切で、神経質で迂闊《うかつ》にものも言えないと思われたら、それ以上の進歩は見込めない。

上司には何でも言わせる。だけど決してめげない。そうすれば自分自身も得るところが多く、上司にもかわいがられ、よいスパイラルに入っていけるはずである。

私自身の二十代を振り返ってみてつくづく思うのは「夢は全力の向こう側にしかない」

ということだ。全力を尽くさない人は夢に至らない。**ここからずり落ちたらもう後はないという危機感の中で走り続けるからこそ、人は水準を越えることができる。**安全圏にいたまま人並み以上のことをやろうとしても、それは無理な相談だ。

成功の心得

旺盛な好奇心を持っているか。
上司から何でも言ってもらえる人間か。

さいす・まさお　昭和25年福島県生まれ。48年よりフランスに渡り、60年に帰国するまでの12年間、複数の三つ星レストランで働く。61年東京都港区三田に「コート・ドール」を開店し、料理長就任。平成4年からはオーナー・シェフとして活躍。

033

佐々木 隆

ジェイティービー相談役

国内最大手の旅行会社・ＪＴＢグループ。ＩＴの普及、新規参入者の追随《ついずい》という激動期に社長として改革を断行し、今日の発展の礎を築いた佐々木隆氏に、自身の原点と語る20代の歩みをうかがった。

いま目の前にある
仕事、環境、知識を
最大限生かした人が
必ず成功者になる

現在に生きろ

私は学生時代、東京大学理学部で地理学を専攻していた。大学院に進んで研究者になる道も考えていたが、このまま勉強を続けるよりも世の中に出てみたいとの思いが高まり、就職活動をスタート。たまたま同じ学科の一年先輩が日本交通公社（現・JTB）に入社し、その先輩から勧誘されたこともあって、お世話になることに決めた。

入社後、配属されたのは団体旅行大阪支社。修学旅行で唯一京都に行ったことがあるから、という単純な理由で関西地区を希望したのだが、全国約二百八十支店の中で、団体旅行大阪支社の営業部は「日本一の燃える集団」という異名を取っていた。お客様に鍛えられた営業マンたちがバリバリ仕事をしている。そこに勉強漬けの生活を送ってきた、のほほんとした東大卒が入っていくわけだから、どんなに苦労したかは想像に難《かた》くないだろう。

転機が訪れたのは三十歳の時、経理部へ異動になったことである。営業の現場でお客様相手に商談をしたり、世界各国へ添乗《てんじょう》に行っている人たちからは、非常に地味な裏方仕事、若い男がこんなところで何をしているんだ、英語ができないから飛ばされたくらいにしか見られていない。
私自身は、もともと理系で数字が好きだったため、経理の仕事は苦痛ではなかった。ただ、当時はコンピュータがほとんど普及していない時代。十数名の若い女性たちが全国三百の支店から集まる伝票を手作業で整理し、月に一度、貸借対照表や損益計算書をつくる。
指導係は私より五歳くらい年下の女性だった。いまとなっては笑い話だが、私は着任早々、「届いた伝票の封筒は机の真ん中に置き、ハサミは右側に置いてください」と細かく指導を受けた。そこで、「こんなことやってられるか！」と腐ってしまう人もいるだろう。しかし、私はそんなことを気にも留めず、集計結果に対してどうしてこんな数字が出てくるんだろう、この数字は何を意味しているんだろうと、簿記や会計の知識を求めてとことん勉学に励んだ。

最初は全く分からなかった先輩たちの専門的な話がだんだん理解できるようになり、経理のスペシャリストとして、トラブルが起きた時には私が指示をして解決するなど、周囲から一目置かれるようになった。

バブル崩壊後、経営の危機に立たされた時、「営業のできる人間はたくさんいるけれども、数字を分かっている人間は彼しかいない」との理由で、私が社長に選出されたと後で聞いたこともある。実際、経営トップとして難しい決断を迫られるたびに、財務の知識が私を助けてくれたし、その一点が揺らぐことのない確信となっていたから、修羅場《しゅらば》に直面しても落ち着いて切り抜けることができた。

その経験を踏まえて、いま私が若い人たちに伝えたいのは、

「腑に落ちた知識は、絶対に自分を裏切らない」

ということである。

二十代というのは、会社や組織の中で様々な雑用や下積みをやらされるものだ。その時、自分にとって何が本当に必要なのか分からなくて迷ったり、自分の将来に関係あるのだろうかと疑問を感じて中途半端になる人が非常に多い。私自身がかつてそうだった。

まだ来ない明日のことを考えて不安になったり、過ぎ去った昨日のことを考えて後悔するのではなく、きょう一日に集中する。きょう一日に集中し切った人、つまりいま目の前にある仕事、環境、知識を最大限生かした人が必ず成功者になるのだ。

ゆえに、いま学んでいることやいま携わっている仕事が未来の自分にとって役に立つか

否かを考えるのは、全く意味がない。いや、むしろマイナスに働くと思う。

繰り返しになるが、きょう一日に集中し、目の前の仕事に関心を抱き、たった一つの知識でも本当に確信を持つまで、腑に落ちるまで考え抜いたら、どんな修羅場も乗り越えていく力が宿《やど》るのである。

成功の心得

目の前の仕事に関心を抱き、
腑に落ちるまで考え抜いているか。

ささき・たかし　昭和18年東京都生まれ。42年東京大学理学部卒業後、日本交通公社（現・ＪＴＢ）に入社。経営企画室主査、常務取締役などを経て、平成14年社長。20年会長。26年より相談役。

佐々木 隆

034

兒玉圭司

スヴェンソン会長

顧客リピート率95%という高い満足度を誇るドイツ生まれのウィッグメーカー・スヴェンソン。日本社の創業に携わり、78歳の現在もトップとして手腕《しゅわん》を振るう兒玉圭司氏は卓球選手として活躍し、世界卓球選手権大会などで日本代表選手団監督を務めた。そんな氏の企業経営の根幹を成しているという20代の歩みを振り返っていただいた。

人から言われてやる場合と、
自ら考え、実践する場合とでは、
結果は天と地ほどの
差になって現れる

出る杭になれ

私はいま七十八歳だが、いまなお企業のトップとして四つの事業部と七つの子会社を動かしている。そんな私の企業経営の根幹を成しているのが二十代の経験であることは間違いない。卓球を通して世界と戦い、そこで得た学びが人生の土台を築いてくれたように思う。

大学三年の時、世界選手権の日本代表に抜擢され、日の丸をつけて世界と戦った。結果はベスト16。いま振り返っても、本当に夢中で濃密な時間を過ごしていたように思う。卓球を始めて五年半、コーチについて指導を受けたこともない私がナショナルチームのメンバーに選ばれたことを考えると、「努力に勝る才能なし」を強く実感する。

大学卒業後は母校である明治大学卓球部の助監督を務め、三年後に監督に就任した。その一方で卒業の翌年、兄と二人で油圧《ゆあつ》式エレベーターの会社を起こした。

人生には時として大きな転機が訪れるという。私にとってのそれは二十九歳の時だった。世界選手権で計十二個の金メダルを獲得し、ミスター卓球と称された荻村《おぎむら》伊智朗《いちろう》さんと共に、日本代表の男女の監督をやってほしいというオファーが舞い込んできたのである。

当初はまだまだ、会社が吹けば飛ぶような経営状態にあったため、お断りしようと考えていた。ところがある日、荻村さんが朝六時に私の自宅を訪ねてきて、

「兒玉さん、なんとか引き受けてくれ。一緒に日本の卓球界のために力を尽くそう」

と言ってきた。彼は選手時代から朝には滅法《めっぽう》弱い男だった。その彼が朝六時に訪ねてきたのである。彼の本気さに胸が熱くなったことをいまでも覚えている。

さらに、大学時代の恩師に相談したところ、次のような言葉をかけてくださった。

「兒玉君、人から何かを依頼されるということは、非常に名誉なことだ。しかも、そういう仕事は、自分がやりたいと思っても、決してやれるものじゃない。だから、多少無理な状態であっても、腹を括《くく》って引き受けるべきだ」

この言葉に感動し、私は覚悟を決めた。

世界選手権が終わるまでの半年間、私は会社を留守にした。その当時、数人の部下を抱えており、彼らは専ら私の指示によって動いていた。そのため半年間も抜けて大丈夫だろうかという不安があったのだが、驚いたことに帰国後、彼らは見違えるように成長を遂げ

ていたのである。それまでは受け身の姿勢でも何とかなっていたが、「専務がいなくなったから俺たちで絶対なんとかするんだ」と自ら考え、行動したことが要因ではないかと思う。

その後、私は五十歳の時に新たな挑戦をしようと、意を決して独立し、エレベーターメーカーとは全く異業種のスヴェンソンを立ち上げることになった。人から言われてやる場合と、自ら考え、実践する場合とでは、その結果は天と地ほどの差になって現れる。これは私の人生を通しての実感である。

もう一つ、私が若い社員に常日頃伝えていることを付言《ふげん》しておきたい。それは「出る杭《くい》になれ」(背伸びをしなさい)ということだ。人間関係でも、背伸びをして自分よりレベルの高い人とお付き合いをする。そのために勉強し、信頼の絆を深める努力をしていく……そして、また背伸びをする。出る杭は打たれるという諺《ことわざ》がある。確かにちょっと人より目立てば周りから疎まれるかもしれない。だが、出過ぎた杭は打たれないとも言う。

一日八時間、三百六十五日、集中して仕事をする。それを三年間続けると八千七百六十時間。それだけ**無我夢中で仕事に没頭すれば習慣は習性となり、人生は必ず好転していく。**

本当の意味で楽しいと言える人生――。それは仕事で最大限の努力をし、よりよい結果を出すことによってのみ勝ち取ることができる。そして生きる希望に溢れ、感謝の心を忘れず、明るく、前向きに人生を歩んでいくことの大切さを最後に強調しておきたいと思う。

成功の心得

仕事に集中し、
よりよい結果を出しているか。

こだま・けいじ　昭和10年東京生まれ。31年第23回世界卓球選手権大会に出場し、シングルスベスト16に。33年明治大学卒業後、兄と共にエレベーターメーカーのダイコーを創業。その傍ら、世界卓球選手権大会などで日本代表選手団監督を務め、累計で金17個、銀13個、銅24個のメダルをもたらす。60年スヴェンソンを設立し、同社社長に。

035

渡部昇一

上智大学名誉教授

平成の碩学と称された渡部昇一氏。専門の英語学に留まらず、歴史・古典・人物への造詣《ぞうけい》の深さは比類なきものだった。そんな渡部氏の今日を築いた原点と言える20代の歩みはとは？そこから掴んだ「幸運を引き寄せる生き方」とは――。

天を怨まず人を咎めず、
自らを信じて心穏やかに
道を楽しむ

運という目に見えない力

私の二十代は光と陰が鮮やかである。前半は、貧しくてお金がない中でいかに勉強に打ち込むか、大学を卒業するか、そのことに工夫を凝《こ》らしていた。後半は、不遇の時期を経て、ドイツ留学という誠に思いがけない奇跡的な幸運に恵まれ、自分は何と運のいい男であるかを感謝するばかりだった。

地元の名門高校を総代《そうだい》で卒業した私が、当時まだ全く無名だった上智大学を選んだのは、進学指導の先生に勧められたからだった。これも一つの運、偶然だろう。その先生は普通の経歴ではなく、旅順《りょじゅん》工科大学の出身で戦後日本に引き揚《あ》げてこられたこともあり、型破りな性格だった。東京の大学を方々《ほうぼう》に視察された上で、「どの大学も卑《いや》しいけど、たった一つ卑しくない大学があった。それは上智大学だ。この大学は伸びるぞ」とおっしゃったのである。

当時の上智大学は生徒数五百名足らず。普通なら受ける人などいないのだが、先生がそう言うならばと我われの高校から五人が受験したところ、私と友人の二人だけが合格し、揃って入学したのである。しかし、その友人は「やっぱりもっと有名な大学に行きたい」

と言って受験をやり直し、一橋大学に入学した。私も転学しようかと真剣に考え抜いた末、移らないことに決めた。当時はGHQの占領下、他大学では留学は許されなかったものの、上智大学にはアメリカに姉妹校があり、優秀な学生は留学できる。よし留学に懸けてみよう。それが残った最大の理由だった。

転機が訪れたのは、大学一年の夏休み。実家に帰ると、父が失業しており、来年度以降の授業料を払えないと宣告されたのである。そういう状況の中で、大学に残る道はただ一つ。授業料を免除される特待生になるしかない。

私は勉強の鬼と化した。毎朝五時起床。夏の暑い日も冬の寒い日も、大学の寮にあった井戸で水を被《かぶ》り、気合いを注入した。どの講義も必ず一番前の席に座り、一所懸命ノートを取り、集中して先生の話を聴く。講義が終わると、すぐに復習する。分からないことがあれば先生に質問し、自分でも参考書を読んだ。

徹底して勉強に打ち込んだ結果、半年後の学年末試験では、すべての科目で百点に近い点数を取ることができ、二番目の学生にトータル二百点以上の差をつけるほど、断トツの成績を修めたのである。そして、二年生の時、留学の話が舞い込んできた。私は特待生であるから当然行けるものと思っていたし、友人たちも「渡部は間違いない」と口を揃えていた。

ところが、留学メンバーから外れたのである。その理由は、渡部はソーシャビリティー（社交性）がないというものだった。お金がなかったため、映画を見に行ったことが一度もなく、洋服や靴、鞄なども一切買わなかった。それゆえ、選考したアメリカ人の先生の目には社交性がないように映ったのだろう。

ようやく留学を果たせたのは、大学院を卒業した翌年、二十五歳の時だった。ロメンドルフというドイツ人の英文科の先生の助手を務めていたのだが、ある日ドイツ語の雑誌を渡され、「ここの文章を英語に訳してみろ」と言われた。大学時代に第二外国語でドイツ語を習っていたとはいえ、そこまで精通しているわけではない。

非常に訳しにくい単語が綴られていたものの、運がいいことに、前日に偶然サミュエル・スマイルズの『自助論《じじょ》』をドイツ語版で読んでおり、その時に覚えたばかりの単語が出ていたのだ。私がすらすら訳すと、先生の目がキラッと光った。「きみ、ドイツの大学に行く気があるか」と声を掛けていただき、その場でミュンスター大学への留学が決まった。さらには、同じ時期にイギリスのオックスフォード大学の学寮長の通訳を務める機会を得て、それが機縁《きえん》となり、後年オックスフォード大学にも留学することができたのである。

これはあらゆる確率を超えた運以外の何物でもない。**どんな逆境に遭っても、決して天を怨《うら》まず人を咎《とが》めず、自らを信じて心穏やかに道を楽しむ。**「これは天命だ」と受け入れる。そうすると、霧が晴れ渡るように視界が開け、天から梯子《はしご》が下りてきて、思いも寄らない幸運に恵まれるのである。

成功の心得

不運にも腐らず、
黙々と自己研鑽《けんさん》を積んでいるか。

わたなべ・しょういち　昭和5年山形県生まれ。30年上智大学文学部大学院修士課程修了。ドイツ・ミュンスター大学、イギリス・オックスフォード大学留学。Dr.phil.,Dr.phil.h.c.　平成13年から上智大学名誉教授。幅広い評論活動を展開し、論壇の重鎮としても知られた。29年逝去。

渡部昇一

あとがき

「いつの時代でも、仕事にも人生にも真剣に取り組んでいる人はいる。そういう人たちの心の糧になる雑誌を創ろう」

この創刊理念のもと、人間学誌『致知《ちち》』は昭和五十三年九月に呱々《ここ》の声を上げました。こんな堅い雑誌は誰も読まないといわれながらも、今年創刊三十九周年を迎え、いまや国内外十一万人の方々が心待ちにしてくださる月刊誌へと育ちました。

近年、大学生や若手社員をはじめ、二十代の読者が増加し、弊社に寄せられる若い読者からのメッセージに深く心を打たれるとともに、情熱と真剣さに溢れる方々の〝羅針盤《らしんばん》〟となる記事をお届けしたい――その思いから、各界各分野でご活躍されている一流の皆様方に、ご自身の二十代の頃の体験談、将来を背負って立つ二十代へのメッセージを語っていただく連載「二十代をどう生きるか」を平成二十二年にスタートさせたのです。

回を重ねるごとに反響は大きくなり、二十代の方々がご自身の心構えや習慣を見つめ直し、仕事や人生を好転されているのはもちろんのこと、上の世代の方々からは部下育成や子育てのヒントとしても活用していただくようになりました。

そのような折、この連載をぜひ書籍にしてほしいというお声を数多くいただき、私どもとしても『致知』読者の皆様だけではなく、真の人生哲学や人間力・仕事力の向上を求める方々に人間学のエッセンスに触れていただきたいと思い、六年半にわたる連載の内容を厳選し、このたび本書を刊行するに至りました。

掲載のご承諾をいただいた三十五名の皆様に心より感謝申し上げます。

先般、大卒者の入社三年以内の離職率は三十一・九％に及び、四年連続で三割を超えたという報道がありましたが、本書に登場されている皆様の二十代の生き方に共通していることを一つ挙げるとすれば、それは「目の前に与えられている仕事に、愚痴や不平不満を言わず、決して手を抜いたり投げ出したりせず、一心不乱・無我夢中に打ち込んでいく。そういう姿勢を何年も続けていった先に、成功や幸運があった」ということです。

「どんな二十代、三十代がいるかでその国の将来は決まる」――安岡正篤

「若いひたむきなエネルギーが時代を動かす。物事を成し遂げるのはひたむきなエネルギーである」――松下幸之助

先哲の至言の如く、二十代の十年間をどのように過ごすかがその後の人生を大きく左右するのみならず、家庭や会社、ひいては日本という国の盛衰《せいすい》をも決定します。

一流になる人の二十代はどこが違うのか。一流になる人、二流で終わる人の分かれ目はどこにあるのか――。時代や職業のジャンルを超えて通底する普遍のエッセンスを本書から摑み取っていただくとともに、一人でも多くの方々がそれぞれの立場で人生の花を立派に咲かせ、時代を動かす真のリーダーになられることを心から願ってやみません。

致知編集部

平成二十九年五月吉日

【出典一覧】

第一章 志を貫く

001 **鳥羽博道**(ドトールコーヒー名誉会長)……『致知』2017年3月号
002 **堀 義人**(グロービス経営大学院学長)……『致知』2015年2月号
003 **河原成美**(力の源カンパニー社長)……『致知』2012年5月号
004 **中條高德**(アサヒビール名誉顧問)……『致知』2011年3月号
005 **村上恭和**(日本卓球女子ナショナルチーム前監督)……『致知』2017年1月号
006 **牛尾治朗**(ウシオ電機会長)……『致知』2012年10月号
007 **松永巳喜男**(銀座マツナガ社長)……『致知』2017年5月号
008 **山本益博**(料理評論家)……『致知』2013年2月号

第二章 仕事の流儀

009 **道場六三郎**(銀座ろくさん亭主人)……『致知』2016年7月号
010 **北尾吉孝**(SBIホールディングス社長)……『致知』2011年7月号
011 **酒巻 久**(キヤノン電子社長)……『致知』2012年6月号
012 **林野 宏**(クレディセゾン社長)……『致知』2010年1月号
013 **宮本洋一**(清水建設社長)……『致知』2015年6月号
014 **佐久間曻二**(WOWOW相談役)……『致知』2011年6月号
015 **佐々木常夫**(東レ経営研究所元社長)……『致知』2011年11月号
016 **桜井章一**(雀鬼会会長)……『致知』2011年12月号
017 **生田正治**(商船三井最高顧問)……『致知』2011年10月号

018 **里岡美津奈**（人財育成コンサルタント）……『致知』2013年8月号

第三章 試練を越える

019 **大久保秀夫**（フォーバル会長）……『致知』2015年5月号
020 **横田尚哉**（ファンクショナル・アプローチ研究所社長）……『致知』2011年8月号
021 **加藤照和**（ツムラ社長）……『致知』2017年2月号
022 **宮端清次**（はとバス元社長）……『致知』2011年2月号
023 **我喜屋 優**（学校法人興南学園理事長）……『致知』2016年11月号
024 **桜井正光**（リコー会長）……『致知』2012年3月号
025 **大地康雄**（俳優）……『致知』2014年3月号

第四章 成長の原理

026 **大橋洋治**（ANAホールディングス相談役）……『致知』2016年3月号
027 **石渡美奈**（ホッピービバレッジ社長）……『致知』2012年2月号
028 **比屋根毅**（エーデルワイス会長）……『致知』2017年4月号
029 **童門冬二**（作家）……『致知』2012年7月号
031 **津田 晃**（野村證券元専務）……『致知』2012年4月号
032 **斉須政雄**（「コート・ドール」オーナーシェフ）……『致知』2012年8月号
033 **佐々木 隆**（ジェイティービー相談役）……『致知』2016年4月号
034 **児玉圭司**（スヴェンソン会長）……『致知』2013年11月号
035 **渡部昇一**（上智大学名誉教授）……『致知』2017年6月号

一流になる人の20代はどこが違うのか

平成二十九年五月十五日第一刷発行

編　著　致知編集部
発行者　藤尾　秀昭
発行所　致知出版社
〒150―0001 東京都渋谷区神宮前四の二十四の九
TEL（〇三）三七九六―二一一一
印刷・製本　中央精版印刷
落丁・乱丁はお取替え致します。　（検印廃止）

ISBN978-4-8009-1146-9 C0034
ホームページ　http://www.chichi.co.jp
Eメール　books@chichi.co.jp